**Ouvrage collectif coordonné
par Jean-Éric Hyafil**

Le revenu de base : un outil pour construire le XXIe siècle

éditions Yves Michel
www.yvesmichel.org

Montage couverture : Hugo Stéphan, MFRB.
Mise en page intérieure : SIR
Impression et façonnage : Laballery (Clamecy – 58)
Imprimé sur papier bouffant 80 g

Dépôt légal : septembre 2016
ISBN : 978-2-36429-088-4

éditions
Yves Michel

5, allée du Torrent – 05000 Gap
France
Tél. : 04 92 65 52 24
www.yvesmichel.org

Sommaire

PARTIE 2 :

LES MÉTAMORPHOSES DU TRAVAIL

PARTIE 3 :

POUR UNE PROTECTION SOCIALE ÉMANCIPATRICE

PARTIE 4 :

CHANGER LE PARADIGME ÉCONOMIQUE POUR CHANGER L'AGENDA POLITIQUE

Préambule

Le Mouvement français pour un revenu de base (MFRB) est une association créée en mars 2013 par des citoyens désireux de promouvoir l'idée. Sa création fait suite au lancement d'une initiative citoyenne européenne qui a récolté 300 000 signatures dans toute l'Europe.

Le MFRB se considère comme un mouvement citoyen et transpartisan. Il accueille et propose différentes versions de revenu de base, issues de sensibilités politiques diverses. Ces versions sont encadrées par une charte politique qui fixe quelques principes fondamentaux et précise une définition du revenu de base :

« *Le revenu de base est un droit inaliénable, inconditionnel, cumulable avec d'autres revenus, distribué par une communauté politique à tous ses membres, de la naissance à la mort, sur base individuelle, sans contrôle des ressources ni exigence de contrepartie, dont le montant et le financement sont ajustés démocratiquement.* »

Dans sa charte politique, il est aussi précisé que « *le Mouvement français pour un revenu de base ne se prononce pas sur l'avenir à long terme des assurances collectives. En revanche, il considère que l'instauration d'un revenu de base ne doit pas remettre en cause les systèmes publics d'assurances sociales, mais compléter et améliorer la protection sociale existante.* »

Trois ans après sa création, le MFRB est présent dans 50 villes françaises sous la forme de « groupes locaux ». Le Mouvement est affilié à un réseau européen, le Universal Basic Income Europe (UBIE), ainsi qu'à un réseau mondial, le Basic Income Earth Network (BIEN), de promotion du revenu de base.

Pourquoi ce Livre Blanc ?

De plus en plus de citoyennes et citoyens, de militantes et militants, de collectifs et de personnalités sont fortement demandeurs d'une réflexion globale, exhaustive et argumentée sur le revenu de base. Après de nombreux débats, le mouvement a souhaité publier un Livre Blanc rassemblant de nombreuses réflexions qui conduisent à défendre un revenu de base ainsi que les propositions de mise en œuvre, tout en respectant la diversité transpartisane de notre mouvement. Cet ouvrage est le fruit d'un travail collectif.

Aujourd'hui plus que jamais, le revenu de base interpelle, intéresse et génère des réactions variées. L'exposition médiatique sans précédent dont bénéficie l'idée depuis quelques mois nous enjoint à apporter notre expérience et notre expertise sur le revenu de base. Ainsi, nous considérons cet ouvrage comme un support de réflexion pour donner à chacun la capacité de se construire une opinion sur le sujet.

Ce livre est décliné en deux volumes. Le premier, *Revenu de base : un outil pour construire le XXIe siècle*, présente les multiples justifications du revenu de base. Le second, *Revenu de base : comment le financer*, présente un panorama des différentes modalités de financement.

Malgré tout, ces deux livres ne prétendent pas à l'exhaustivité. Il s'agit d'un document en progression. De nouvelles éditions pourront paraître, prenant en compte les nouvelles idées, propositions et contributions des adhérents.

Bienvenue dans cette réflexion collective qui dessine les contours d'une société plus attrayante pour le XXIe siècle.

Joyeuse lecture !

Avril 2016

Partie I :

Renouer avec l'idée de progrès

Chapitre I
Renouer avec l'idée de progrès

Du progrès technique au progrès social

Le progrès scientifique et technique est l'un des principaux moteurs des progrès humains. Il a installé nos sociétés dans une ère d'abondance, nous a soulagé des tâches les plus pénibles pour satisfaire nos besoins, dans la production agricole comme dans les usines. Ce progrès technique a non seulement amélioré nos conditions de travail, en réalisant les tâches qui dépassent nos capacités physiques ou sensorielles (miniaturisation, dangerosité...), mais aussi augmenté l'étendue des possibles : amélioration de la santé et hausse de l'espérance de vie, plus grande rapidité des déplacements et des moyens de communication, extension mondiale des échanges d'informations et de connaissances, développement de nouveaux services, de nouveaux loisirs... Le progrès technique est enfin indirectement à la source du progrès social, en favorisant l'accès du plus grand nombre à des droits multiples : à l'éducation, à la santé, à la protection sociale.

Si le progrès technique est une source indirecte mais puissante de progrès social, on aurait tort de croire que le processus qui mène de l'un à l'autre se fait naturellement. Il est parfois difficile de transformer l'essai, de traduire le progrès technique en progrès réel pour chaque individu. Ce progrès crée en effet ce que les économistes appellent un processus de « destruction créatrice »[1] : des entreprises et des activités économiques disparaissent, et avec elles des emplois, tandis que

1. Joseph Schumpeter, *Capitalisme, socialisme et démocratie*, Paris, Payot, 1951, p. 106 et 107.

les nouvelles activités peuvent tarder à apparaître, sans garantie d'emplois suffisamment rémunérateurs. Sur une longue période, on observe un « déversement » d'emplois de l'agriculture vers l'industrie, puis de l'industrie vers les services, pour utiliser la formule d'Alfred Sauvy[2]. Mais ce déversement ne s'est pas fait sans douleur, et s'est parfois traduit par un creusement temporaire du chômage technologique. C'est le paradoxe de l'augmentation de la pauvreté dans les sociétés d'abondance.

Depuis quarante ans maintenant, nos sociétés occidentales sont empêtrées dans un chômage de masse et une pauvreté persistante. Et même pour les personnes en emploi, le travail est en crise. Nombre de travailleurs souffrent de mauvaises conditions de travail, d'un manque d'autonomie ou de reconnaissance. Pour beaucoup, cette crise du travail est aussi une crise de sens, car ils n'ont plus le sentiment d'effectuer un travail utile. L'anthropologue britannique David Graeber[3] parle d'une explosion du nombre de "bullshit jobs" – de « jobs à la con » dans la traduction pour le journal *Libération*[4] – dont l'utilité sociale reste aussi à démontrer. Pourtant, nombre de travailleurs sont contraints de s'y plier s'ils veulent obtenir un revenu suffisant pour vivre. C'est le second paradoxe du progrès technique qui, au lieu d'accroître les libertés de choix des individus, les confronte à une augmentation des contraintes et à une perte de sens.

Le dernier risque est écologique. Si la technique permet parfois de faire des économies d'énergie ou de ressources, certaines pratiques productives et certains modes de vie sont au contraire gourmands en énergie ou en matières premières non renouvelables. Quoi qu'il en soit, il apparaît aujourd'hui évident que l'on ne pourra plus rester indéfiniment dans cette économie de la marchandise où tout repose sur la fabrication à très grande

2. Alfred Sauvy, *La machine et le chômage*, Dunod, 1980.
3. David Graeber, "*On the phenomenon of bullshit jobs*", août 2013. http://strikemag.org/bullshit-jobs/
4. Guillaume Gendron, « Vers une société de jobs à la con », *Libération*, 23 août 2013, http://www.liberation.fr/societe/2013/08/28/y-a-t-il-un-phenomene-des-jobs-a-la-con_927711

échelle de biens matériels, très vite jetés et remplacés, au prix d'une aggravation de notre empreinte écologique.

Une nouvelle et puissante vague de progrès technique est en cours, notamment du fait de la révolution numérique. Selon diverses estimations, près d'un emploi sur deux serait menacé d'automatisation ou de numérisation d'ici trente ans. Ces études ne s'intéressent pas aux emplois qui seront créés, mais c'est de toute évidence une grande vague de destruction créatrice à laquelle nous sommes sur le point d'assister. Toute la question est de savoir si cette destruction créatrice sera porteuse ou non de progrès social.

Saura-t-on utiliser ce progrès technique pour mettre enfin un terme à la pauvreté ou va-t-on continuer de creuser les inégalités ? Le travail va-t-il devenir facteur de réalisation de soi et d'expression de ses talents pour le plus grand nombre, ou les travailleurs seront-ils au contraire condamnés à accepter des emplois auxquels ils donnent de moins en moins de sens ? Allons-nous rendre les sociétés plus inclusives, ou au contraire va-t-on assister à une poursuite du repli sur soi et de l'exclusion sociale ? Perpétuera-t-on ces modes de production et de consommation insoutenables écologiquement ou parviendra-t-on à réduire nos émissions de gaz à effet de serre et nos prélèvements sur les ressources non renouvelables ?

Bien entendu, la réponse n'est pas binaire, mais nous pouvons essayer, par nos choix économiques et politiques, d'orienter le cours de l'Histoire dans un sens plutôt que dans l'autre. Parmi les propositions qui pourraient nous remettre sur la voie du progrès social, on trouve une idée déjà ancienne : le revenu de base.

Le revenu de base, un nouveau droit qui participe de cette idée de progrès

Un revenu de base – aussi appelé revenu universel, revenu d'existence, revenu inconditionnel, revenu social garanti, dividende universel, etc. – est un revenu inconditionnel, versé sans contrôle des ressources ni exigence de contrepartie, et donc cumulable avec d'autres revenus. Il est versé, sur une base individuelle et de manière régulière, à tous les membres d'une communauté politique – ce qui peut signifier tous les résidents légaux et inclure les étrangers en situation régulière sur le territoire (voir fiche n° 10b, p. 125) –, et constitue un droit inaliénable.

C'est une idée ancienne qui trouve de multiples justifications économiques. Pour Thomas Paine et ses successeurs, c'était la contrepartie nécessaire à l'accaparement des terres et des ressources naturelles par quelques-uns (fiche n° 1a, p. 22). Pour James Meade ou Yoland Bresson, il s'agit de la juste distribution d'une rente liée à un patrimoine industriel, scientifique, intellectuel, culturel, institutionnel et social dont l'héritage est forcément pour partie collectif (fiche n° 1b, p. 23). Pour René Passet ou Carlo Vercellone, c'est la rétribution nécessaire d'un travail gratuit effectué par chacun et qui crée de la valeur collective (fiche n° 6a, p. 71).

Quelles que soient ses justifications économiques, ce nouveau droit vise à accroître l'autonomie de chacun et à modifier en profondeur notre rapport au travail, à la prospérité, au chômage ainsi qu'à l'intégration sociale.

Le revenu de base, c'est d'abord la garantie que le progrès technique et l'automatisation ne conduisent pas à une explosion de la pauvreté ni à une détérioration du niveau de vie des travailleurs (chapitre 2). Face à une crise multiforme du travail (conditions de travail, perte d'autonomie et de sens, manque de reconnaissance, chômage...), le revenu de base permet d'aborder de façon plus sereine le nouveau déversement d'activités à venir (chapitre 3) : le travailleur jouira d'une autonomie et d'un pouvoir accrus pour choisir son emploi et ses conditions de travail (chapitre 4). Il pourra aussi développer sa propre activité et participer ainsi au développement de nouvelles richesses, qu'elles soient marchandes ou non (chapitre 5).

En outre, le revenu de base crée un contexte favorable au développement de l'économie contributive (chapitre 6) mais permet aussi de dégager plus de temps pour réinvestir les activités conviviales, la sphère familiale, amicale ou de voisinage, et plus largement les activités citoyennes, culturelles ou associatives, vectrices de lien social. Il pourrait ainsi permettre de se réapproprier la chose publique, la démocratie et de faire réellement société (chapitre 7). Sans abandonner l'objectif de « donner un travail » à chacun, il peut être un excellent catalyseur pour donner à tous la possibilité de s'intégrer par le travail (chapitre 8).

Le revenu de base constitue aussi un nouveau pilier de notre système de protection sociale qui procure à chacun une autonomie accrue pour s'émanciper et se réaliser en tant que travailleur, citoyen et individu. Il permet notamment de mieux soutenir ceux qui sont mal protégés par le système actuel et d'accompagner les mutations du travail rémunéré (chapitre 9). Il accroît aussi notamment l'autonomie des femmes et des jeunes dont l'émancipation est bridée par l'actuel système socio-fiscal (chapitre 10).

Enfin, le revenu de base change la façon dont on aborde la politique économique. Il ne s'agit pas de renoncer à permettre à chacun l'accès au travail, mais d'en finir avec la création d'emploi comme alpha et oméga de la vie politique. Ce faisant, on peut accorder beaucoup plus d'importance aux questions écologiques, sanitaires ou sociales dans l'agenda politique (chapitre 11). Il permet également d'aborder différemment le développement local en priorisant le bien-être de la population, en redynamisant les régions marginalisées et en rendant les territoires plus résilients à la fermeture d'une usine (partie 12). Pour la régulation macroéconomique, le revenu de base permet, quand c'est nécessaire, de concilier un objectif de compétitivité-prix avec un objectif de soutien à la consommation intérieure. L'idée d'un revenu de base européen permettrait d'ailleurs d'améliorer la solidarité entre pays et de mieux prévenir les crises (chapitre 13).

Fiche n° 1a :
Le revenu de base comme droit de chacun sur les ressources naturelles, chez Thomas Paine, Thomas Spence et Joseph Charlier

Thomas Paine est un intellectuel et homme politique britannique, américain, né en Grande-Bretagne en 1737 et mort à New York en 1809. Après avoir participé à la Révolution américaine (1776), il est élu à l'Assemblée constituante française en 1792.

C'est en comparant les modes de vie des Indiens d'Amérique à ceux des Anglais et des Français qu'il en vient à écrire son traité sur la *Justice agraire* en 1795, formulant la première proposition de revenu de base. Thomas Paine observe que l'absence de pauvreté chez les Indiens vient de ce que personne n'y est exclu de l'usage de la terre. Cette dernière est un bien naturel dont on ne saurait justifier l'appropriation par une minorité de propriétaires. Pour autant, il refuse de remettre en question le principe de propriété privée par une collectivisation de la terre ou une redistribution à tous.

Il propose donc de « *créer un fonds national pour payer à tous les individus qui auront atteint l'âge de 21 ans, la somme de 15 livres sterling, à titre d'indemnité du droit naturel, dont le système des propriétés territoriales les a dépouillés. Et à payer annuellement la somme de 10 livres sterling, durant leur vie, à tous les individus qui ont atteint l'âge de 50 ans, et aux autres, à mesure qu'ils arriveront à cet âge* ». Ce fonds serait financé par un droit de 10 % sur les successions, essentiellement constituées de titres de propriété foncière à cette époque.

Parallèlement, dans son essai sur *Le Droit des enfants* (1797), Thomas Spence propose que « *chaque localité mette aux enchères l'usage de tous les biens immobiliers, qu'elle en utilise les recettes pour couvrir toutes les dépenses publiques locales, y compris de construction et d'entretien des immeubles, ainsi que les taxes dues au gouvernement, et qu'elle distribue trimestriellement le surplus en parts égales à tous ses résidents, dont la subsistance serait ainsi assurée.* »

« *Et quant au surplus, après que toutes les dépenses publiques ont été défrayées, nous le diviserons équitablement et également entre toutes les âmes vivantes de la paroisse, qu'elles soient hommes ou femmes, mariées ou célibataires, légitimes ou illégitimes, âgées d'un jour ou de l'âge le plus extrême, ne faisant aucune distinction entre les familles des riches fermiers et marchands [...] et les familles des ouvriers et artisans pauvres [...], octroyant au chef de chaque famille une part pleine et égale pour chaque nom sous son toit [...].* »

À l'instar de Fourier, le penseur belge Joseph Charlier, dans son ouvrage *Solution du problème social* (1848), insiste aussi sur le droit pour chacun de jouir des ressources naturelles créées par la Providence. La propriété foncière privée est dès lors incompatible avec la justice et l'État doit, à terme, devenir le seul et unique propriétaire du sol, avec un régime transitoire qui concède des « rentes viagères » aux propriétaires fonciers, tout en assurant à tous les autres, l'écrasante majorité des non-propriétaires, un « minimum garanti » inconditionnel, versé trimestriellement ou mensuellement[5].

Fiche n° 1b :
L'héritage associé à un patrimoine industriel, scientifique et institutionnel collectif

L'économiste-philosophe suisse Jean Charles Léonard de Sismondi (1773-1842) propose que le travailleur, remplacé par un logiciel ou un robot, reçoive un revenu à vie pour bénéficier de cette mécanisation globale, progrès pour l'espèce humaine, au lieu d'en être simplement la victime. On peut y voir la première esquisse d'un revenu de base justifié comme la distribution à tous du « salaire du robot ».

Pour James Meade (1907-1995), lauréat en 1977 du « Prix Nobel d'économie », une partie du capital productif (matériel ou immatériel) est issue d'un travail social passé, héritage collectif dont rien ne légitime l'appropriation individuelle et/ou privée. Meade étend ainsi le droit universel sur la terre de Thomas Paine, à d'autres formes de capital : industriel, scientifique, intellectuel, institutionnel, culturel, les infrastructures publiques, etc. :

5. Développement issu de Philippe Van Parijs et Yannick Vanderborght, *L'allocation universelle*, Paris, La Découverte, 2005.

« L'État recevrait tout bénéfice effectué sur tout le capital et le territoire investi dans des entreprises publiques. Il pourrait distribuer une partie de cette manne comme un "dividende social" à tous les consommateurs, et en réserver une partie pour financer le développement en capital nécessaire à chaque entreprise socialisée au taux d'intérêt en vigueur »[6].

Yoland Bresson (1942-2014)[7] reprendra d'ailleurs cette idée. Selon le philosophe Gilbert Boss, le progrès technique permet aux propriétaires des entreprises d'accaparer une rente qui n'a pas de justification économique : « *Ce qui est à l'œuvre dans le progrès technique, c'est la science et l'invention de milliers d'hommes, dont la plupart sont morts depuis longtemps et qui n'ont légué à personne leurs découvertes, si ce n'est aux générations suivantes en général. C'est cet héritage collectif qui fructifie, pour l'essentiel, dans le travail des machines. Or, quelle raison aurions-nous de le partager selon une autre formule que celle de l'égalité ? Et si nous y avons également droit, il faut trouver le dispositif par lequel nos revenus peuvent nous être remis* »[8].

On retrouve d'ailleurs cette idée dans cette citation du milliardaire Warren Buffet : « *Si vous me parachutez au fin fond du Pérou ou du Bangladesh, vous verrez combien* [mon] *talent peut produire dans un contexte défavorable* ».

6. James Meade, *Agathotopia : The Economics of Partnership*, Aberdeen : University Press, David Hume Institute (Hume Paper n° 16), 1989.
7. Yoland Bresson, *Le revenu d'existence, ou, la métamorphose de l'être social : Les fondements philosophiques du revenu d'existence*, Paris, L'Esprit frappeur, 2000.
8. Gilbert Boss, « *Justifications d'un revenu universel* », *Revue Multitudes*, 2000, http://www.multitudes.net/Justifications-du-revenu-universel/

Chapitre 2
Une puissante vague d'automatisation et de numérisation d'emplois

Une masse d'emplois automatisables ou numérisables

L'automatisation a toujours rendu certains emplois obsolètes et conduit à leur disparition. Au début du XIXe siècle, l'apparition de la machine à vapeur et des métiers à tisser conduit à la disparition des artisans utilisant le métier à bras dans le tissage. Dans les sociétés occidentales, la machine a remplacé une multitude d'emplois agricoles dans nos campagnes après la Seconde Guerre mondiale, avant de replacer progressivement les travailleurs à la chaîne dans les usines. Aujourd'hui, elle détruit de l'emploi dans les services comme les banques, les agences de voyages, les bureaux de poste, les services de location automobile, les administrations où les guichets disparaissent à mesure que se développent les portails en ligne permettant d'enregistrer une transaction, d'ouvrir un compte bancaire, de réserver un billet de train, une place de concert ou de louer une voiture.

Le nombre d'emplois automatisables est gigantesque (voir fiche n° 2a, p. 30). Selon Carl Frey et Michael Osborne, deux chercheurs d'Oxford, ce sont 47 % des emplois américains qui pourraient être remplacés par des machines et des logiciels d'ici vingt ans[9]. Avec la même méthodologie, l'Institut Bruegel monte cette prévision à 54 % dans l'Union européenne et 50 %

---

9. "The future of jobs : the onrushing wave", *The Economist*, 18 janvier 2014. http://www.economist.com/news/briefing/21594264-previous-technological-innovation-has-always-delivered-more-long-run-employment-not-less.
Carl Benedikt Frey and Michael A. Osborne "The future of jobs : How susceptible are jobs to computerization". September 17, 2013.

en France[10]. Une étude réalisée par le cabinet Roland Berger fin 2014 estime à 3 millions le nombre d'emplois menacés en France d'ici 2025, un chiffre très largement sous-estimé selon Paul Jorion, puisqu'il part d'une hypothèse qui minore la capacité des machines à réaliser des tâches complexes[11]. En outre, ces rapports insistent tous sur le fait que, contrairement à l'automatisation passée, le processus en cours menace directement des emplois qualifiés[12].

Ajoutons qu'avec la révolution numérique, les entreprises du Web ont pu reporter nombre de tâches sur le consommateur (voir fiche n° 2b, p. 32), ce qui leur permet de réduire largement les coûts salariaux et d'accroître leurs bénéfices.

Cette vague d'automatisation accroît les inégalités de revenu

Bien entendu, il est toujours possible – en tout cas théoriquement – de créer de nouveaux emplois pour remplacer les anciens, et les multiples rapports ne précisent pas les emplois qui pourraient être créés. Mais nous nous intéresserons aux questions d'emploi et de travail dans la partie suivante. Ici, ce sont les effets distributifs de cette vague d'automatisation et de numérisation qui nous intéressent.

---

http://www.futuretech.ox.ac.uk/sites/futuretech.ox.ac.uk/files/The_Future_of_Employment_OMS_Working_Paper_1.pdf

10. "The computerisation of European jobs – Who will win and who will lose from the impact of new technology onto old areas of employment ?" by Jeremy Bowles on 17th July 2014 http://www.bruegel.org/nc/blog/detail/article/1394-the-computerisation-of-european-jobs/

11. « La grande transformation du travail », article publié dans *Le Monde* du 21 avril 2014 : http://www.lemonde.fr/acces-restreint/emploi/article/2014/04/21/6d69629a696b69c5926a6165679c6a_4404661_1698637.html

12. « *La robotisation pourrait être aux cols blancs ce que la mondialisation fut aux cols-bleus* », nous dit Hakim El Karoui. « *Elle va toucher les classes moyennes, y compris les classes moyennes supérieures, c'est-à-dire certaines professions intellectuelles, dont on va pouvoir automatiser certaines tâches, comme les comptables, les juristes, les journalistes... La machine saura faire sans l'homme à très court terme* ». http://www.lejdd.fr/Economie/Les-robots-vont-ils-tuer-la-classe-moyenne-696622

Il semble y avoir unanimité parmi les économistes sur le fait que les fruits de cette automatisation sont et seront distribués de façon très inégale. Le journaliste François Leclerc passe en revue les discours de nombreux économistes : « *Robert Shiller, enseignant à Yale, considère la robotisation comme un facteur d'inégalité, allant s'ajouter à celle du revenu. Les professeurs Jeffrey Sachs et Laurence Kolikoff estiment que le remplacement des travailleurs par des robots va prioritairement enrichir les propriétaires des robots. Accompagnant l'accroissement des inégalités, les classes moyennes vont se trouver en première ligne, lorsque leurs emplois qualifiés disparaîtront, ce que confirme l'Institut américain Pew, qui annonce "un rétrécissement de la classe moyenne et une explosion du nombre des chômeurs".* »[13]

Tâchons ici d'identifier un peu plus précisément ceux qui gagnent à l'automatisation et ceux qui y perdent.

L'explosion des profits des multinationales

Les grands monopoles de l'Internet d'abord (Google, Amazon, Facebook, Uber, Airbnb, Netflix, etc.) opposent une concurrence implacable à de nombreuses entreprises existantes et tirent une rente extraordinaire de leur position de monopole (fiche n° 2c, p. 33).

Citons aussi les développeurs des logiciels et progiciels qui, étant les meilleurs dans leur secteur, enlèvent le monopole du marché : comptabilité, traduction, secrétariat, rédaction d'articles de presse comme les comptes-rendus sportifs, etc. Les progiciels sont reproductibles à l'infini pour un coût marginal nul[14], si bien que l'éditeur du meilleur logiciel assoira facilement sa position de monopole, comme pour les géants du Web. Il en

13. « Comment faire face à la robotisation de l'emploi », paru le 4 décembre 2014 dans *L'Humanité* : http://www.humanite.fr/comment-faire-face-la-robotisation-de-lemploi-559362

14. Jeremy Rifkin, *La nouvelle société coût marginal zéro : L'Internet des objets, l'émergence des communaux collaboratifs et l'éclipse du capitalisme*, 2014.

tire donc une rente très élevée, tandis que les concurrents ne gagnent pas grand-chose, quand bien même ils auraient investi autant d'efforts sur le projet. C'est l'économie du "winner takes all".

Enfin, le reste de l'industrie reste toujours dominé par des oligopoles : dans les télécommunications, l'électronique, l'informatique, l'automobile, les grands travaux publics, la grande distribution, l'aéronautique, l'énergie, le transport ferroviaire, etc. Ces oligopoles parviennent, eux aussi, à capter des rentes élevées et à verser des dividendes généreux. En somme, l'économie mondiale est de plus en plus souvent dominée par des monopoles et des oligopoles qui accumulent des profits juteux (fiche n° 2d, p. 34).

Cette explosion des profits pour certaines entreprises est-elle légitime ? Certes, il est légitime pour un entrepreneur qui innove, investit et prend des risques de tirer des profits plus élevés que les autres. Mais une part toujours plus élevée des bénéfices ne constitue plus des profits au sens où l'entend la théorie économique, c'est-à-dire une somme qui rembourse un investissement initial, qui compense le risque pris et récompense de façon temporaire un choix judicieux d'investissement qui permet à l'entreprise une avance temporaire sur ses concurrents. Au contraire, une proportion croissante des profits est liée à des positions de monopole que ces entreprises ont atteintes et maintiennent de façon durable avec l'automatisation et la numérisation. La théorie économique parle de rentes de monopole au sujet de ces profits, comme pour mettre en évidence leur aspect peu légitime, associée à une situation et non à un effort particulier.

L'explosion des très hauts salaires

Une certaine catégorie de travailleurs profite aussi largement du processus d'automatisation, en assurant les fonctions supports indispensables pour le capital : des designers (puisque le design est de plus en plus déterminant pour vendre un produit), des publicitaires, des commerciaux et des chargés du marketing, des cadres et des chefs d'entreprises jugés très performants, des personnalités du sport ou du show-business qui mettent leur image au service d'une marque et enfin, bien entendu, des financiers. Tous ces professionnels travaillent pour faire gagner à leur entreprise une plus grande part du marché, touchent de très fortes rémunérations et captent une large part de la valeur créée grâce aux gains de productivité (fiche n° 2e, p. 35).

Certains économistes justifient ces fortes rémunérations par les qualifications supérieures de ces travailleurs. Mais l'explosion de certaines rémunérations n'est pas tant liée à la qualification qu'à la position-clé des fonctions de marketing, design, publicité, commerce et finance dans le processus de production, là où se joue la prise des parts de marché aux concurrents.

Les perdants de l'automatisation

Ce sont d'abord tous ces employés dont le poste est remplacé ou concurrencé par des machines ou des logiciels : ouvriers des industries de transformation (production de biens de consommation, agroalimentaire, sidérurgie, chimie...), caissiers dans la grande distribution, employés de guichet, administratifs, commerçants, chauffeurs de taxi ou de poids lourds (avec la réduction des intermédiaires entre le fournisseur et le demandeur dans le commerce en ligne), comptables, agents immobiliers, traducteurs, etc., et, bien sûr, certains petits entrepreneurs comme les libraires, les agents immobiliers, les compagnies de taxi, les agences de voyages, etc. (voir fiche n° 2a, p. 30).

Ces travailleurs trouveront difficilement des emplois aussi bien rémunérés que ceux qu'ils perdent, surtout si la distribution des revenus est beaucoup plus inégalitaire dans la nouvelle économie et que les plus riches captent l'essentiel des revenus.

On remarque ainsi que l'automatisation actuelle se différencie de celle des Trente Glorieuses qui avait permis une hausse des salaires au rythme des gains de productivité dans l'industrie (voir fiche n° 2f, p. 36).

L'urgence du revenu de base

À l'aune de ce constat, le revenu de base n'en est que plus urgent. Certes, il est possible que se créent de nouveaux emplois qui viendraient remplacer ceux qui sont détruits. Mais ce processus reste très incertain et peut être très long. En outre, il n'est pas certain que ces emplois pourront offrir des rémunérations et des protections équivalentes à ceux qui auront été supprimés. Il nous faut donc un revenu de base pour soutenir le revenu de ceux qui pourraient perdre au processus d'automatisation, pour faire en sorte que l'automatisation et la numérisation soient effectivement un progrès pour tous, et non pas une régression sociale pour une part substantielle de la population.

Cependant, le revenu de base n'est pas une simple compensation pour ceux qui verraient leur revenu diminuer du fait de l'automatisation. Il est d'abord un nouveau droit qui permet d'accroître l'autonomie et le choix de chacun, et notamment le choix de son travail. Et il est aussi un outil de transformation sociale et une politique génératrice de nouvelles richesses.

Fiche n° 2a :
Les métiers menacés par l'automatisation et la numérisation

Quelques exemples concrets pour se faire une meilleure idée du processus en cours : l'industrie automobile utilise déjà des automates pour fabriquer chaque pièce, les peindre, les assembler, etc. L'entreprise Foxconn, le plus grand fournisseur d'Apple, a annoncé en 2013 qu'elle comptait remplacer la quasi-totalité de ses 1,3 million de salariés chinois par des machines et des automates[15] moins chers.

Et ce phénomène se développe aujourd'hui dans de nombreux services : la chaîne de restauration Applebee's utilise déjà des robots pour faire le service et débarrasser les tables

15. « La main-d'œuvre chinoise, plus chère que les robots », *La Tribune* du 18 janvier 2015. http://www.latribune.fr/technos-medias/20150118trib52fae9202/la-main-d-oeuvre-chinoise-plus-chere-que-les-robots.html

aux États-Unis[16]. La voiture sans chauffeur développée par Google ou Uber pourrait mettre au chômage les nombreux chauffeurs de taxi[17].

Amazon a déjà opposé une concurrence effroyable aux libraires et autres magasins spécialisés (petit électroménager, jouets, jeux vidéos, etc.), conduisant à une réduction radicale d'emplois sur la dernière décennie. La logistique progresse encore en cherchant toujours à remplacer les employés par des équipements automatisés.

La multiplication des logiciels et progiciels menace aussi directement une multitude d'emplois, et même des emplois qualifiés. Pensons aux diagnostics et prescriptions médicales réalisés par des logiciels ayant pour base de données le Big Data et remplaçant le rôle actuel des médecins (comme le Docteur Watson d'IBM). Ces mêmes logiciels pourront traiter des dossiers juridiques avec une marge d'erreur inférieure aux meilleurs juristes actuels. Ou encore les quelque 300 000 traducteurs dont le travail sera numérisé et effectué instantanément[18]. Le meilleur exemple reste le sort des traders, remplacés par des algorithmes bien plus puissants et efficaces qu'eux : « *Sur les marchés boursiers, les traders sont déjà remplacés par des logiciels appelés "algos", pour algorithme, dans 50 à 60 % des transactions* »[19].

16. "Robots will replace fast-food workers", CNN, septembre 2014, http://money.cnn.com/2014/05/22/technology/innovation/fast-food-robot/

17. « Prochaine station, la voiture sans conducteur : pourquoi les taxis et les chauffeurs d'Uber feront un jour lutte commune », Erwann Le Noan, 27 juin 2015, *Atlantico*, http://www.atlantico.fr/decryptage/prochaine-station-voiture-sans-conducteur-pourquoi-taxis-et-chauffeurs-uber-feront-jour-lutte-commune-2214444.html

18. Jeremy Rifkin, *La nouvelle société du coût marginal zéro. L'Internet des objets, l'émergence des communaux collaboratifs et l'éclipse du capitalisme*, Les liens qui libèrent, 2014.

19. D'après Paul Jorion : http://www.humanite.fr/comment-faire-face-la-robotisation-de-lemploi-559362

Fiche n° 2b :
Le travail du consommateur

L'automatisation et la numérisation vont de pair avec le report d'un certain nombre de tâches vers le consommateur : le client fait lui-même le travail du caissier en passant par une caisse automatique et dans les nouvelles banques en ligne, plus besoin de conseiller car, comme le dit la publicité, « mon banquier, c'est moi ».

Le client pose sa question sur une plate-forme collaborative de services après-vente et trouve des conseils écrits directement par d'autres clients, classés par vote. Ainsi, c'est le client lui-même qui travaille pour d'autres clients… Google, par exemple, utilise les CAPTCHA (qui vérifient que l'utilisateur est humain en lui faisant reconnaître des caractères) pour numériser des livres.

Concrètement, les entreprises bénéficient d'Internet (voir fiche n° 2c ci-contre) pour transférer toute une partie du travail de communication sur les usagers. Sur le site TripAdvisor, des touristes et des clients évaluent et critiquent les hôtels, restaurants, bars et sites touristiques, rendant les guides inutiles et générant d'importants revenus publicitaires.

Les entreprises utilisent aussi Facebook pour communiquer sur leurs activités, de façon gratuite, par les utilisateurs. Starbucks Coffee avait, par exemple, mis en circulation une vidéo mettant en scène un serveur de la marque qui prenait un malin plaisir à écorcher le prénom de ses clients lorsqu'il l'écrivait sur leur tasse en carton. Apparemment moqueuse, il s'agissait bel et bien d'une publicité, à la fois très efficace et très bon marché car les utilisateurs des réseaux sociaux l'ont fait circuler près de 10 millions de fois en 10 mois… sans un seul centime déboursé en espace publicitaire (TV, affichage public, etc.) !

Les leaders de l'économie du numérique, Google, Apple, Facebook, Amazon (les fameux GAFA) en viennent à parler de « valeur client » (“customer base value[20]”). Ils désignent ainsi non seulement ce que rapporte directement un client par ses achats,

20. “GAFAnomics : New economy, new value”, *FaberNovel*, octobre 2014, http://fr.slideshare.net/faberNovel/gafanomics/65-The_CBV_measures_the_profitability

mais également le service que rend le client en fournissant ses informations personnelles et en utilisant leurs plateformes (contacts, sites visités, types de produits recherchés, échanges entre usagers, etc.). Le sociologue Antonio Casilli parle de "digital labor[21]" (« travail numérique ») pour justifier la mise en place d'un revenu de base.

Fiche n° 2c :
Les géants du Web tirent une rente de monopole

Google, Amazon, Facebook, Uber, Airbnb… Ces multinationales poussent à la faillite de nombreuses petites entreprises : Amazon contre les librairies, Airbnb pour l'hôtellerie, Uber face aux taxis… et Google et Facebook sont des médias aujourd'hui indispensables pour toute communication.

En outre, dans les industries de réseau, un seul opérateur suffit à fournir l'ensemble du service, si bien que la concurrence est inutile et constitue un gâchis de ressources. Il est en effet inutile de multiplier les portails pour mettre en contact les véhicules de transport avec chauffeur (VTC) avec leurs clients. C'est pourquoi les industries de réseau sont toujours des monopoles ou des oligopoles : on parle de monopoles naturels. Cette situation de monopole permet à ces multinationales de tirer des profits colossaux. Mais dès lors qu'il y a monopole naturel, il est inefficace de chercher à réduire ces rentes en imposant la concurrence. Il est préférable de chercher à mieux imposer ces rentes, voire à les capter par d'autres moyens développés dans le Livre 2. Rappelons en outre que ces monopoles ont su reporter sur le consommateur un nombre élevé de tâches de travail, leur permettant d'une part de faire des économies substantielles de main-d'œuvre et d'accroître d'autre part leurs profits.

Comparons le chiffre d'affaires de ces entreprises monopolistiques au nombre d'employés, puis aux chiffres de la vieille industrie : Amazon faisait, en 2013, 56 milliards d'euros avec seulement 88 400 employés à travers le monde[22].

21. Antonio Casilli & Dominique Cardon, *Qu'est-ce que le Digital Labor ?*, INA, 2015.

22. http://www.les500.fr/fiches-entreprises/amazon.html

Facebook a racheté les 55 salariés de la messagerie instantanée WhatsApp pour 17 milliards de dollars alors qu'il ne faisait travailler que 8 348 salariés dans le monde en septembre 2014[23] pour 3,5 milliards de chiffre d'affaires et 642 millions de bénéfices[24]. Idem pour les 170 employés de la société de vidéo-streaming Twitch qui valaient pour Amazon 970 millions de dollars en septembre 2014...

En comparaison, des industries « plus traditionnelles » comme Dell et IBM employaient respectivement 431 212 et 108 800 travailleurs en 2013. Mais elles aussi automatisent une large part de leur production : Apple a annoncé qu'il relocalisait en Arizona, et que son usine emploierait... 700 travailleurs[25]. En comparaison, l'usine Renault de Flins employait 21 000 travailleurs en 1972, sans être la seule usine à produire des voitures sur le territoire français.

La grande révolution d'Internet, c'est de permettre de constituer des portails pour les échanges économiques ou d'informations : une fois construit, le site coûte très peu à son propriétaire[26], et celui-ci tire une commission sur chacun de ces échanges.

Fiche n° 2d : Les industries gagnantes de l'automatisation

L'industrie lourde (sidérurgique, mines, etc.) profite très largement de l'automatisation et des capacités de l'électronique, y compris dans des milieux hostiles : beaucoup moins d'ouvriers et moins de logistique par l'humain permettent de produire plus,

23. Carl Benedikt Frey, "How to prevent the end of economic growth", in *Scientific America*, décembre 2014, http://www.scientificamerican.com/article/how-to-prevent-the-end-of-economic-growth/
24. Kevin Hottot, « Facebook : 3,5 milliards de chiffre d'affaires et 1,4 milliard d'utilisateurs », *Nextinpact,* avril 2015, http://www.nextinpact.com/news/93906-facebook-35-milliards-chiffre-daffaires-et-14-milliard-dutilisateurs.htm
25. *Les Échos*, http://www.lesechos.fr/06/11/2013/LesEchos/21558-069-ECH_apple-ouvre-une-usine-en-arizona-pour-produire-plus-aux-etats-unis.htm
26. C'est le principe du coût marginal nul, exposé par Jeremy Rifkin dans son livre *La nouvelle société coût marginal zéro : L'Internet des objets, l'émergence des communaux collaboratifs et l'éclipse du capitalisme*, *op. cit.*

en continu, de façon fiable donc sans perte de matière avec moins de dépense. L'exploitation des pétroles en eau profonde ou des gaz de schistes étaient envisagées comme des solutions extrêmes et trop coûteuses il y a encore vingt ans, les progrès technologiques et la raréfaction des ressources les rendent « envisageables » pour en tirer des bénéfices.

L'industrie pharmaceutique n'est pas en reste avec des productions très automatisées, qui permettent à des nouveaux acteurs, n'ayant pas contribué à la recherche et au développement sur les médicaments, de se lancer sur ce créneau : sans main-d'œuvre qualifiée d'une part pour concevoir, ni main-d'œuvre nombreuse pour exploiter d'autre part, des investisseurs peuvent « monter » des usines de médicaments génériques en « copiant/collant » des usines de production sur des créneaux rentables.

Fiche n° 2e : L'augmentation des très hauts salaires : une réalité

L'augmentation des très hauts salaires se retrouve dans les chiffres. Entre 1996 et 2008 en France, la part dans la masse salariale de 1 % des salariés à temps complet touchant la rémunération la plus élevée au sein du secteur privé et des entreprises publiques est passée de 5,5 % à 6,9 %[27]. Si l'on ajoute aux salaires les autres revenus, et notamment les revenus du patrimoine, on observe une augmentation des inégalités de revenu encore plus importante : « entre 2008 et 2011, [malgré la crise], le seuil inférieur de revenus de 0,01 % des plus riches a crû de 50 500 euros, soit + 6 % ; de son côté, le revenu médian par personne a augmenté de 2,6 %, soit 500 euros »[28]. Le nombre de riches et de très riches s'envole aussi : « le nombre de ceux qui déclarent

27. Observatoire des inégalités, « Comment évoluent les très hauts revenus en France », 2 octobre 2014, http://www.inegalites.fr/spip.php ?article1456

28. Louis Maurin, « Les très hauts revenus s'envolent », *AlterEco+*, 25/08/2015, http://www.alterecoplus.fr/la-france-en-data/les-tres-hauts-revenus-senvolent-201508251233-00001957.html ?utm_source=NLACTU&utm_medium=email&utm_campaign=NLACTU2508151

au moins 500 000 euros par unité de consommation a été multiplié par 2,1 entre 2004 et 2011, passant de 7 500 à près de 16 000 personnes. Le nombre de ceux qui se situent au-delà de 100 000 euros a lui augmenté de 45 %, de 353 000 à 514 000 personnes. Pendant la crise, plus de 160 000 personnes ont intégré ce dernier groupe »[29].

Fiche n° 2f :
Pourquoi l'automatisation actuelle, contrairement à celle des Trente Glorieuses, ne conduit-elle pas à une hausse de salaire pour le plus grand nombre ?

L'automatisation des Trente Glorieuses a conduit à une hausse des salaires au même rythme que celle de la productivité. Au contraire, depuis une trentaine d'années en Europe, les gains de productivité ne se traduisent plus par des hausses de salaire, mais plutôt par une hausse du chômage. On observe que le salaire médian (celui en dessous duquel se trouve une moitié des salaires et au-dessus duquel se trouve l'autre moitié) n'augmente plus aussi vite que la productivité. Certes, en France, de 1990 à 2007, le salaire moyen augmente au même rythme que la productivité du travail – si bien que la part de la masse salariale dans la valeur ajoutée reste constante – mais cela cache des disparités très importantes entre salariés. Si quelques salariés très qualifiés (traders, ingénieurs, cadres commerciaux, designers, etc.) ont vu leurs salaires exploser, le plus grand nombre a vu ses salaires augmenter moins vite que la productivité tandis que le chômage a continué à se creuser.

Comment se fait-il que l'automatisation, qui permettait une hausse des salaires et le plein-emploi durant les Trente Glorieuses, conduise aujourd'hui à une baisse de l'emploi et une stagnation des salaires ? On peut y voir plusieurs explications : l'affaiblissement des syndicats face à des détenteurs de capitaux toujours plus puissants, la concurrence des pays à bas salaire qui fait peser le risque de délocalisation, la hausse du chômage qui réduit

29. Louis Maurin, *op. cit.*

les marges de négociation des travailleurs. Mais il faut aussi y voir le fruit du changement dans le type d'automatisation que l'on observe. L'automatisation des Trente Glorieuses accroissait la productivité du travailleur sans conduire à son inutilité. Dans les usines, il fallait toujours des travailleurs pour opérer sur les machines, jusqu'à ce que la machine opère de façon totalement automatisée. De même, dans les services comme les banques, l'automatisation et la numérisation d'un certain nombre de tâches (enregistrement des chèques et des diverses opérations bancaires) ont conduit à un développement des services de guichet et de conseil au client. Ainsi l'automatisation des Trente Glorieuses jusqu'aux années 1980 n'a pas conduit à rendre le travailleur obsolète, mais plutôt à redéfinir son travail, à changer son rôle. Ainsi le travailleur pouvait-il demander à bénéficier d'une partie des hausses de productivité liées à l'automatisation dans la mesure où il restait indispensable au processus productif.

Au contraire, l'automatisation actuelle permet réellement de rendre le travailleur obsolète. Les machines opèrent sans ouvrier, ou avec un nombre minimum de techniciens. Dans les banques, les guichets et les conseils sont de moins en moins utiles à mesure que toutes les opérations peuvent être effectuées sur Internet, de même que tous les conseils peuvent y être trouvés. Dès lors que le travailleur devient obsolète dans de très nombreux secteurs, il devient bien plus difficile pour lui de solliciter des hausses de salaire.

Partie 2 :

Les métamorphoses du travail[30]

30. Nous avons repris le titre d'un ouvrage d'André Gorz, écrit en 1988, à une époque où il ne soutenait pas encore le revenu de base. Il sera acquis au revenu de base en 1993.

Chapitre 3
Réenchanter le travail, un enjeu fondamental

L'automatisation et la numérisation permettent de supprimer des tâches qui sont le plus souvent routinières, répétitives et même parfois physiquement pénibles. C'est donc un progrès formidable, et l'on aurait pu s'attendre à ce que ce progrès profitât à chacun. En réduisant le poids des tâches routinières, chacun aurait pu avoir du temps libéré pour des activités plus épanouissantes. Pas obligatoirement pour travailler moins car le travail est d'abord un moyen de se réaliser en tant qu'individu – même s'il ne faut pas oublier de laisser du temps pour les autres activités nécessaires pour le bien-être familial et la cohésion sociale. Cette automatisation aurait pu permettre à chacun d'avoir plus de marges pour choisir un travail qui lui convient, un projet qu'il juge utile, dans des conditions correctes et respectant son autonomie. Or, ce n'est pas vraiment ce que l'on observe aujourd'hui. Au contraire, le travail semble traverser plusieurs crises. En donnant une autonomie et des marges de manœuvre accrues au travailleur, le revenu de base pourrait contribuer à résoudre certaines de ces crises.

Crises et renaissance du travail

La crise du travail est multiforme, mais elle se vérifie par ses symptômes, notamment psychosociaux : augmentation de la consommation d'antidépresseurs, multiplication des burn-out et des dépressions, voire suicides sur le lieu de travail. Le malheur au travail peut être lié à de mauvaises conditions de travail ou à des exigences de productivité accrue. Mais le malheur au travail peut aussi être associé à l'ennui, au manque d'activité, voire au manque de sens pour le travailleur. Rappelons que seuls 31 % des salariés en France se considèrent « souvent » heureux au travail[31]. À l'inverse, nombreux sont ceux qui souffrent tout simplement de ne pas avoir de travail et de ne pas se sentir reconnus.

Conditions et autonomie dans le travail

Pour certaines personnes, les souffrances au travail proviennent de mauvaises conditions de travail, de cadences infernales ou d'une surcharge de responsabilités. Si les conditions de travail se sont globalement améliorées ces dernières décennies, ce n'est pas forcément le cas pour tout le monde. Les tâches pénibles continuent de se concentrer sur quelques travailleurs. Parfois, sans être pénible, le travail est mal réparti et se concentre sur quelques personnes, accroissant le risque de surmenage[32].

Les mauvaises conditions ne sont pas uniquement liées à la pénibilité physique de l'emploi. De plus en plus de travailleurs souffrent de ne pas avoir plus de voix au sein de leur entreprise, de ne pas avoir de prise sur l'organisation du travail, de subir un mauvais management ou un chef tyrannique. L'autonomie au travail, la possibilité de choisir l'organisation et les conditions de son travail, est en effet un des critères fondamentaux pour être heureux au travail. Or, l'organisation du travail ne conduit pas toujours à accroître l'autonomie de chacun : « *Dans l'idéologie du progrès, la technologie est conçue pour augmenter le pouvoir de l'Homme sur la nature et est donc censée profiter à tous. Cette conception masque la réorganisation des pouvoirs sociaux qu'induit toute nouvelle technologie* »[33].

---

31. Baromètre Edemed IPSOS, *Le bien-être et la motivation des salariés français*, 2011, p. 27 http://www.ipsos.fr/sites/default/files/attachments/barometre_ipsos_edenred_mars_2011_salon_hr_avril_2011.pdf
32. En France, plus de 12 % de la population active serait sous la menace d'un « burn-out » selon le rapport *Le syndrome d'épuisement, une maladie professionnelle* (Technologia, mai 2014).
33. Bertrand Heriard Dubreuil, *Imaginaire technique et éthique sociale*, 1997, p. 69.

Enfin, le malheur lié au travail peut aussi être associé à des conditions extérieures au poste notamment de longs trajets à effectuer entre le travail et le domicile. Certains travailleurs souffrent de ne pas avoir suffisamment de temps à consacrer aux activités en dehors du travail : les activités familiales, associatives, autonomes (fiche n° 3a, p. 48).

Le travail en crise de sens

Pour certains travailleurs, la souffrance provient du fait qu'ils estiment que leur travail n'apporte aucune contribution positive à la société, ne satisfait aucun besoin réel. Certains travailleurs peuvent même souffrir d'avoir un travail contraire à leurs valeurs, mais qu'ils ne peuvent quitter parce qu'ils en ont besoin pour vivre[34]. Pour ces derniers, le travail n'est pas un moyen de se réaliser en tant qu'individus et citoyens. Et avec la nouvelle vague de numérisation qui menace de nombreux emplois, le nombre de ceux qui devront accepter un emploi qui ne les intéresse pas et auquel ils ne donnent aucun sens, pourrait exploser si rien n'est fait pour empêcher ce phénomène.

Certes, on pourrait estimer que tous ces emplois, quand bien même ils ne feraient pas sens pour le travailleur, sont nécessaires pour produire les biens et services qui répondent à nos besoins et à notre confort. Mais on peut aussi douter que ce soit le cas pour un grand nombre de ces emplois, qui ne produisent pas de richesse réelle, n'ont pas d'utilité particulière pour la société, et que l'anthropologue britannique David Graeber n'hésite pas à appeler les "bullshit jobs", les « emplois à la con »[35]. Et il faut se rappeler que si l'on a cherché à automatiser toutes ces tâches pénibles et routinières, c'était bien pour attribuer plus de temps à des activités choisies, pour choisir un travail qui nous intéresse plus, et non pour continuer à se soumettre à de nouveaux emplois dont l'utilité sociale reste à démontrer.

---

34. Pensons par exemple à des ingénieurs à qui l'on demande de programmer l'obsolescence des produits qu'ils conçoivent, à des télémarketeurs qui savent consciemment qu'ils doivent vendre des produits à des gens qui n'ont ni le besoin ni les moyens de les acheter.

35. "*On the phenomenon of bullshit jobs*", août 2013. http://strikemag.org/bullshit-jobs/

Les questions éternelles du chômage et de la répartition des emplois

La crise du travail, c'est enfin la persistance d'un chômage de masse depuis près de quarante ans. Le chômage crée, bien entendu, un problème de revenu pour ceux qu'il touche. Mais le chômage, c'est d'abord la souffrance liée au sentiment de ne pas être utile à la société que renvoie cette situation. Situation pour le moins paradoxale lorsque l'on voit que certaines personnes en emploi ont elles aussi le sentiment que leur travail n'est pas utile à la société.

Le second paradoxe, et non le moindre, vient du fait que certains souffrent de surcharge de travail et souhaiteraient pouvoir travailler moins, tandis que d'autres souhaitent au contraire trouver un emploi. Cette situation est porteuse de souffrances individuelles et familiales, mais elle a aussi des conséquences sur les activités sociales en dehors du travail, toutes ces activités informelles, citoyennes ou associatives qui doivent créer du lien social. Ceux qui travaillent trop tendent à déserter les espaces réellement publics où se crée le tissu social. De même, ceux qui sont privés d'emploi voient leur temps accaparé par la recherche d'un emploi, ont peur du stigmate qui pèse sur le chômeur et se privent parfois à leur tour de contribuer positivement à la construction de la cité.

À la lumière de ces deux paradoxes, c'est finalement le sens du travail qui fait question. Lorsque l'on voit que certains emplois ne sont pas nécessairement utiles à la société, mais qu'au contraire certaines activités – on ne sait s'il faut les appeler travail ou pas – sont non seulement utiles mais nécessaires pour créer de la cohésion sociale et même pour satisfaire un certain nombre de services, il devient nécessaire de requestionner les concepts de travail, de richesse, voire de chômage.

Mais aussi des gens très heureux dans leur travail

Dans ce rapide tableau de la situation, nous avons bien sûr forcé le trait sur les points négatifs, mais il faut aussi regarder les points positifs. De nombreuses personnes sont heureuses dans leur travail, aiment ce qu'elles font, ont le sentiment de contribuer positivement à la société par leur travail et estiment jouir d'une autonomie suffisante dans leur travail. Il peut s'agir d'employés d'entreprises privées qui respectent l'autonomie du travailleur et son initiative, de fonctionnaires fiers du service public qu'ils fournissent, d'entrepreneurs heureux de développer de nouveaux services et de nouveaux produits.

Mais il s'agit aussi parfois de personnes qui ne perçoivent pas ou peu de revenu de leur travail et qui utilisent l'allocation-chômage ou les minima sociaux pour développer ou participer à un projet auquel ils croient : monter un petit restaurant ou une petite entreprise, monter une coopérative de production, créer un nouveau logiciel ou un site internet, constituer une association dans le domaine social, environnemental, culturel ou citoyen, etc. Dès lors, on ne peut plus considérer le salaire comme l'unique contrepartie au travail productif. Les prestations sociales jouent elles aussi un rôle important pour permettre aux individus de développer des projets originaux, vecteurs d'une richesse nouvelle, mais aussi des nouvelles formes de travail.

Un revenu de base pour se ressaisir du travail

Partant de ce constat, il faut donner au travailleur la possibilité de se ressaisir de son travail. Se ressaisir de son sens d'abord, mais aussi de son organisation, avoir une réelle prise sur son travail, un réel pouvoir.

André Gorz opposait le travail autonome au travail aliéné (fiche n° 3b, p. 52). Le travail est autonome lorsque le travailleur choisit à la fois les objectifs de son travail (ce qu'il produit et pour qui) et ses conditions (autonomie et coopération dans le travail plutôt que subordination pure). Au contraire, le travail est aliéné lorsque le travailleur n'a pas de prise ni sur ce qu'il produit, ni sur les conditions dans lesquelles il produit : les méthodes de travail lui sont imposées.

On retrouve une opposition proche entre travail subi et travail choisi. La crise du travail provient du fait que le travail est trop souvent subi plus que choisi, que le travailleur exécute des tâches non parce qu'il les juge utiles mais juste pour avoir une rémunération. Et alors que le travailleur se réalise en tant qu'individu et citoyen par le travail choisi et autonome, il souffre dans le travail subi et aliéné.

Certains travailleurs se réalisent dans leur travail parce qu'ils sont parvenus à dégager des marges de manœuvre pour le choisir. Ce sont ces marges de manœuvre qu'il faut aujourd'hui accroître, et c'est la raison pour laquelle il faut mettre en œuvre un revenu de base.

Il ne faut certainement pas comprendre le revenu de base comme un droit qui nous dispense de tout travail, bien au contraire. Comme le disait André Gorz, « *L'allocation universelle d'un revenu suffisant ne doit pas être comprise comme une forme d'assistance, ni même de protection sociale, plaçant les individus dans la dépendance de l'État providence. Il faut la comprendre au contraire comme le type même de ce qu'Anthony Giddens appelle une "politique générative" (generative policy) : elle doit donner aux individus et aux groupes des moyens accrus de se prendre en charge, des pouvoirs accrus sur leur vie et leurs conditions de vie. Elle doit non pas dispenser de tout travail mais au contraire rendre effectif le droit au travail : non pas au "travail" qu'on a parce qu'il vous est "donné" à faire, mais au travail concret qu'on fait (...) sans que sa rentabilité, sa valeur d'échange aient besoin d'entrer en ligne de compte.* »[36]

Comme le dit Jean-Marc Ferry[37], le revenu de base est un moyen de donner aux individus un pouvoir accru dans la « sélection sociale des activités utiles », notamment face au marché. Le revenu de base doit offrir à chacun des marges accrues pour choisir son travail, choisir un travail auquel on donne un sens, par lequel on a le sentiment de contribuer positivement à la production de richesse. Il s'agit d'inverser la logique encore trop communément admise : plutôt que de demander à l'individu de travailler pour un salaire, il s'agit de lui accorder un

36. *Misères du présent, richesse du possible*, 1997.

37. Jean-Marc Ferry, *L'allocation universelle : pour un revenu de citoyenneté*, 1996.

revenu inconditionnel afin qu'il puisse travailler, comme le dit l'entrepreneur allemand Gotz Werner[38].

Le revenu de base, c'est aussi avoir la possibilité d'influencer les conditions de travail, de choisir des organisations qui donnent plus de voix et de pouvoir aux travailleurs dans l'organisation de son travail ou dans les objectifs visés par l'action (chapitre 4, p. 55). C'est encore avoir la possibilité de créer son travail, de développer de nouvelles activités, de nouvelles richesses, marchandes ou non (chapitre 5, p. 63). Et c'est le meilleur moyen de permettre à cette nouvelle économie contributive de développer tout son potentiel de croissance (marchande ou non, monétisée ou non) pour une satisfaction plus grande des besoins de chacun (chapitre 6, p. 67).

Le revenu de base, c'est aussi avoir la possibilité de réduire son temps de travail pour réinvestir les activités familiales, locales, sociales, culturelles, associatives ou citoyennes qui sont vectrices de cohésion sociale et permettent de « faire société » (chapitre 7, p. 77). On se rend d'ailleurs compte que l'on ne sait pas si ces activités méritent ou non le qualificatif de « travail », ce qui démontre bien à quel point le paradigme dominant nous empêche de penser le monde qui doit se créer (voir fiche n° 3a, p. 48).

Certains voient dans le revenu de base l'abandon de l'objectif de donner un emploi à tout le monde. Il ne s'agit certainement pas d'opposer lutte contre le chômage (subi) et revenu de base, car ces deux politiques ne répondent pas au même objectif. Le revenu de base doit permettre à tous d'avoir plus de marges pour choisir son travail, qu'il soit rémunéré ou non, tandis que la lutte contre le chômage consiste à éviter que des personnes soient d'une part exclues de la possibilité de contribuer par leur travail à la richesse sociale, et d'autre part de tirer si elles le souhaitent un revenu de ce travail. Il s'agit donc de sortir de la lecture simpliste et biaisée emploi/chômage, pour adopter une lecture travail choisi/travail subi beaucoup plus pertinente.

38. « L'erreur est de croire que le revenu est ce qui rémunère le travail. En fait, le contraire est bien plus vrai : c'est parce que nous avons un revenu que nous pouvons travailler. » (Gotz Werner, entrepreneur allemand de Dm-drogerie Markt)

Le revenu de base ne doit certainement pas remettre en question l'accompagnement social des personnes en insertion professionnelle. Mais nous verrons aussi que, en permettant une multiplication de nouvelles activités, il multiplie les opportunités pour permettre à tous de s'intégrer dans la société de travail et même d'intégrer un plus grand nombre d'individus dans l'emploi (chapitre 8, p. 85).

Fiche n° 3a :
Travail, emploi, activité : de quoi parle-t-on ?

Travail, emploi, activité : voici des termes qu'il est nécessaire d'éclaircir pour avancer dans la réflexion. Pour le terme « travail », c'est d'autant plus nécessaire que ce mot est investi d'une forte charge symbolique et politique : quel homme politique n'a pas fait son éloge du travail, de la « valeur travail », sans forcément avoir pris le soin de définir ce qu'il entendait par ce mot ?

Ajoutons que la confusion sur le sens des termes est très largement entretenue : par un tour de force lexical, le travail est de plus en plus confondu avec l'emploi dans le langage courant, c'est-à-dire avec le travail rémunéré. La définition du terme « travail » ne fait justement pas consensus parmi les économistes, les sociologues et les philosophes.

Tâchons tout de même de proposer ici quelques approches pour définir le travail afin de guider le lecteur. Une première approche consiste à chercher dans la nature même de l'action accomplie, ce qui fait que l'on peut parler de travail. On peut, par exemple, associer le travail à la notion d'effort. Cela conduirait à appeler travail des activités comme la pratique d'un sport, l'apprentissage d'un art, d'une science ou d'une langue que d'autres auraient tendance à classifier dans les activités personnelles.

Une autre approche consiste à appeler travail toute activité qui produit de la richesse, qui produit un bien ou un service utile à un individu ou à la société entière. C'est ce que Dominique Méda[39] appelle une « *conception élargie du travail* ». Mais comment

39. Dominique Méda, *Le travail*, Que sais-je, Presses universitaires de France, 2004.

définir alors la richesse, ce qui est utile à la société ? Ainsi le travail bénévole peut être considéré comme du travail parce qu'il est utile à la société. Cependant, l'utilité est un critère très subjectif, et toutes les activités ont une utilité. Faut-il appeler « travail » le temps passé en famille ou avec des amis, la pratique d'un sport, la lecture de magazines scientifiques et toute autre forme d'auto-formation et d'information, les activités réflexives et spirituelles, le fait de s'investir dans la vie de la cité, les loisirs, etc. ? En effet, ces activités sont utiles et on peut considérer qu'elles sont créatrices de richesse.

Ajoutons que la richesse est très difficile à mesurer puisque presque impossible à définir. Le Produit intérieur brut, par exemple, ne peut pas être considéré comme un indicateur de richesse satisfaisant puisqu'il ne comptabilise que les activités qui donnent lieu à rémunération, excluant ainsi les activités non rémunérées créatrices de richesse (notamment le bénévolat ou le travail gratuit) et incluant des activités dont on pourrait remettre en question l'utilité sociale (publicité, activités dégradant l'environnement et épuisant les ressources naturelles, etc.).

On peut aussi renvoyer le travail au concept d'obligation, de contrainte. Comme le disait Boris Vian, « *le travail, c'est tout ce qu'on ne peut pas s'arrêter de faire quand on a envie de s'arrêter de le faire* ». La question devient alors : d'où vient la contrainte ? Il peut s'agir d'une contrainte de survie : si je ne travaille pas, je ne pourrai pas me procurer de quoi me nourrir ni me loger. Il peut aussi s'agir de contraintes que l'on s'impose à soi-même, notamment pour des raisons sociales : je fais mon ménage et ma lessive pour avoir un logement et des habits propres (on parle de travail pour soi et sa famille) ; je travaille contre une rémunération pour acquérir plus de biens.

Mais selon le juriste Alain Supiot[40], la caractéristique de travail est plus à aller chercher dans une forme d'obligation légale, obligation qui peut être volontairement souscrite. « *La distinction entre travail et activité n'est pas à rechercher dans la nature de l'action accomplie (...). Le travail se distingue de l'activité en ce qu'il répond à une obligation, que cette dernière soit volontairement souscrite ou légalement imposée. (...). Il faut et il suffit qu'à un engagement d'agir soient attachés des effets de droit,*

40. Alain Supiot, *Au-delà de l'emploi*, Paris, Flammarion, 1999.

pour que cette action soit qualifiée de travail. Cette qualification se trouve en fin de compte dépendre soit d'un engagement volontairement souscrit [à titre onéreux – emploi, ou à titre gratuit – bénévolat, stage], soit de la loi qui consacre ainsi l'utilité de certaines tâches. »

Qu'en serait-il alors de la multitude d'activités associatives ou citoyennes qui sont nécessaires au bon fonctionnement de nos sociétés : animer des ateliers sport ou science pour les jeunes du quartier, proposer des lotos ou des cours d'informatique pour les personnes âgées de la ville, organiser des évènements intergénérationnels, participer bénévolement à un chantier de restauration d'un environnement dégradé, avoir un engagement politique, etc. ? Suivant la définition de Supiot, ces activités ne pourraient pas être considérées comme du travail si elles ne font pas l'objet d'un contrat, même si elles sont créatrices de richesse et demandent un réel effort de la part de ceux qui s'y engagent.

La question se complique avec l'émergence de ce que l'on appelle le travail collaboratif ou contributif, ou encore du travail du consommateur. Comme on le verra plus tard, ce travail est vecteur d'une richesse croissante, même s'il ne fait presque jamais l'objet ni d'un contrat ni d'une rémunération.

Une autre approche consisterait à s'intéresser au degré d'autonomie et de choix – ou au degré de contrainte – dans les activités effectuées. « Le travail désigne à la fois l'obligation imposée aux uns et la source de prestige et de forte rémunération que désirent ardemment les autres, et dont ils jouissent », disait John Kenneth Galbraith, économiste et conseiller du Président Kennedy. « User du même mot pour les deux situations est un signe évident d'escroquerie », poursuivait-il. Il semble alors pertinent de s'intéresser non pas à l'activité elle-même ni à sa forme institutionnelle – ou pas – mais au degré d'autonomie ou de contrainte qui la caractérise.

André Gorz[41] « *appelle autonomes ces activités qui sont à elles-mêmes leur propre fin. Elles valent par et pour elles-mêmes, non pas parce qu'elles n'ont pas de but autre que la satisfaction ou le plaisir qu'elles procurent mais parce que la réalisation du but autant que l'action qui le réalise sont source de satisfaction* ».

41. André Gorz, *Les métamorphoses du travail*, Galilée, 1988.

Cependant, une activité autonome peut aussi devenir un travail, et même éventuellement un travail qui donne lieu à une rémunération si l'on prend l'exemple d'un restaurateur qui vit de son art, d'un professeur de musique ou de sport, d'un activiste politique rémunéré, d'un universitaire, etc. André Gorz parle d'ailleurs aussi de travail autonome (voir la fiche n° 3b). Ainsi les oppositions ne seraient pas tant à chercher entre travail et activité, mais plutôt entre travail autonome et travail hétéronome ou aliéné, entre travail choisi et travail subi. On retrouve ici une réponse à « l'escroquerie » contenue dans le mot travail dont parle J. K. Galbraith.

Ce ne sont pas seulement les frontières entre travail et activité qui sont fragiles, mais aussi celles entre travail pour soi et travail pour les autres. Comme le rappelle André Gorz, « *le travail pour soi n'a pas à se borner à ce que je fais pour moi seul, ni la sphère privée à l'espace intime qui n'appartient qu'à moi-même. Je ne suis pas chez moi seulement dans la chambre ou le coin où je loge mon corps et mes objets personnels, mais aussi dans l'espace familier (maison, cour, rue, quartier, village) que j'ai en commun avec d'autres personnes ou communautés privées. Ou plutôt, je suis chez moi dans cet espace commun de convivialité à condition que je participe à son aménagement, à son organisation, à son entretien en coopération volontaire avec les autres usagers. Le travail pour soi trouve alors son prolongement dans le travail "pour nous", de même que la communauté familiale se prolonge dans la coopération informelle de services de proximité ou l'association informelle d'entraide entre voisins.* »

Ainsi, suivant la définition que l'on retiendra du travail et de l'activité, on formulera un discours différent sur les effets espérés du revenu de base. Certains diront que le revenu de base permet d'abord de choisir son travail, et notamment de favoriser le développement de toutes les formes de travail qui ne sont pas rémunérées mais qui créent de la richesse sociale : travail collaboratif, travail associatif, initiatives culturelles ou citoyennes, etc. D'autres diront qu'il permet de réduire son temps de travail rémunéré (employé ou indépendant) pour accorder plus de temps à des activités autonomes et au travail pour soi : s'occuper de sa famille et de ses proches, s'investir comme citoyen, etc. Mais dans tous les cas, le revenu de base est vecteur d'une richesse nouvelle.

Fiche n° 3b : Qu'est-ce que le travail autonome ?

André Gorz[42] a bien défini les différences entre un travail aliéné ou hétéronome et un travail autonome. Dans le travail hétéronome, qui caractérise souvent (mais pas toujours) l'emploi salarié – André Gorz parle ainsi de travail-emploi –, le travailleur est dépossédé non seulement des objectifs et du sens de son travail, mais en plus, il n'a aucune prise sur son organisation. Le sens de son travail lui échappe, et à l'extrême, il peut même être amené à participer à des projets qui sont contraires à ses valeurs : l'ingénieur qui est contraint à programmer l'obsolescence d'une imprimante pour accroître la rentabilité pour son employeur, l'employé qui travaille pour l'industrie de l'armement, l'écologiste qui travaille pour l'industrie pétrolière, le publicitaire dont la tâche est de convaincre des gens d'acheter des biens dont ils n'ont pas besoin, voire de créer le désir et la frustration chez les consommateurs, à commencer par les plus jeunes d'entre eux, etc. Autant de situations où le travailleur est contraint à participer à un projet dont il ne partage pas nécessairement les valeurs.

En outre, dans le travail hétéronome, le travailleur n'a pas de prise sur l'organisation de son travail. Celle-ci est déterminée par l'employeur, et elle obéit le plus souvent à la seule logique de rentabilité du capital, si bien que trop souvent, le bien-être du travailleur est mis de côté. Ainsi les entreprises sont de plus en plus souvent poussées à adopter des organisations du travail qui ne sont pas adaptées au travailleur, lui en demandent trop ou pas assez, le conduisant trop souvent à des situations de burn-out, voire de suicide. En outre, se développent nombre d'emplois sans qualification et sans perspective de progression hiérarchique, assignant l'employé au rôle de simple outil de l'appareil de production.

À l'inverse, le travail autonome se caractérise – sous sa forme idéale – par deux choses principales. Tout d'abord, le travailleur choisit le bien ou le service qu'il produit : il le produit parce que ce service correspond à ses valeurs, parce qu'il participe au développement de la société ou parce qu'il traduit l'œuvre du travailleur, ce qu'il souhaite apporter à la société. Ensuite le travailleur choisit,

42. André Gorz, *Misères du présent, richesses du possible*, 1997.

individuellement ou collectivement, la façon dont il organise la production. Le travail autonome est ainsi celui par lequel le travailleur exprime son savoir, ses compétences et ses qualifications. Celui aussi par lequel il s'améliore, il apprend, il progresse. Celui enfin par lequel il contribue positivement à la société. Selon André Gorz, le travail autonome est exécuté pour lui-même, et non pas dans l'objectif d'en tirer un revenu, ce qui ne veut pas dire que ce travail autonome ne peut pas donner lieu à un revenu.

Parce que le revenu de base est versé sans référence à aucun travail, il donne ainsi la possibilité au travailleur de choisir un travail qui correspondra plus à ses exigences d'individu autonome, c'est-à-dire à ses valeurs, à ses projets, un travail où il peut mieux exprimer ses talents, où il a une prise sur l'organisation et le contenu du travail, où il peut prendre des initiatives, etc.

Chapitre 4
Choisir son travail
(et ses conditions de travail)

Pouvoir choisir son travail

« *Avez-vous l'impression que le monde pourrait se passer de votre travail ? Ressentez-vous la profonde inutilité des tâches que vous accomplissez quotidiennement ? Avez-vous déjà pensé que vous seriez plus utile dans un hôpital, une salle de classe, un commerce ou une cuisine que dans un open space situé dans un quartier de bureaux ?* »

Si vous avez répondu oui à ces questions, c'est vraisemblablement que vous avez un « emploi à la con », un "bullshit job" comme les appelle l'anthropologue britannique David Graeber[43]. Le revenu de base doit justement permettre d'avoir plus de marges de manœuvre pour choisir son travail.

Choisir son travail, c'est d'abord choisir un travail qui correspond à ses valeurs. De nombreux travailleurs ne se retrouvent pas dans le projet porté ou les valeurs véhiculées par leur entreprise. Certains emplois obéissent à une logique qui consiste à vendre plus de produits dont l'utilité n'est pas certaine, ce, pour faire engranger plus de profit à l'entreprise. Lorsque le travailleur ne partage pas cet objectif, c'est une perte de temps pour lui – en plus d'être une consommation inutile de ressources naturelles et une perte d'argent pour le consommateur.

Choisir son travail, c'est donc d'abord choisir un projet ou une organisation dans laquelle on se sent utile et où on se réalise

43. David Graeber, "*On the phenomenon of bullshit jobs*", août 2013. http://strikemag.org/bullshit-jobs/

comme travailleur : travailler dans la restauration, dans l'éducation formelle ou populaire, participer au développement d'une innovation, monter des projets à vocation écologique, culturelle ou citoyen, etc. Avec un revenu de base, on peut plus facilement choisir de s'engager dans ces activités, même quand la rémunération y est plus faible que dans un emploi dont on ne partage pas les valeurs. Cela ne veut bien entendu pas dire que ces activités doivent obligatoirement être moins rémunératrices pour les travailleurs qui s'y engagent, mais ceci est une autre question.

Choisir son travail, c'est aussi choisir une organisation du travail qui nous correspond. Certains travailleurs ne supportent pas la subordination totale dans l'emploi, et sont beaucoup plus efficaces dans une organisation qui respecte leur autonomie. Certains travailleurs veulent aussi pouvoir faire entendre leur voix dans le fonctionnement et les choix stratégiques de l'organisation. Ainsi, le revenu de base devrait favoriser les entreprises et les organisations qui accordent plus d'autonomie et de pouvoir aux travailleurs, les organisations qui sont les plus horizontales. Il devrait aussi favoriser les organisations où les travailleurs participent aux choix stratégiques, et notamment les systèmes de coopératives (sociétés coopératives de coopération ouvrière, ou SCOP).

Avoir plus de pouvoir sur les conditions de travail

Bien entendu, tout le monde ne va pas changer de travail suite à la mise en place d'un revenu de base. En revanche, les travailleurs auront un pouvoir accru pour influencer leurs conditions de travail dans l'entreprise. Ils auront notamment un pouvoir accru pour refuser des conditions de travail injustes ou dégradantes. Les tâches les plus pénibles devront être revalorisées ou mieux réparties entre les travailleurs, quand elles ne peuvent pas être automatisées (voir fiche n° 4b, p. 60).

Les caissières en supermarché pourront, par exemple, refuser plus facilement qu'on leur impose des horaires décousus. Les femmes qui passent des heures dans les transports en commun pour assurer des courtes missions de ménage payées à l'heure pourront plus facilement refuser une mission trop éloignée de leur domicile. Ces marges de choix accrues – notamment pour refuser un emploi pour lequel le temps où le coût du transport est très élevé – seront d'autant plus nécessaires que l'obligation de réduire nos émissions de gaz à effet de serre risque d'accroître les contraintes qui pèsent sur certains travailleurs (voir fiche n° 4c, p. 61).

Le revenu de base devrait aussi avoir des conséquences sur l'organisation du travail dans les entreprises, mais aussi sur la répartition du pouvoir de décision. Les salariés pourront exiger d'avoir une voix plus écoutée au sein du conseil d'administration de l'entreprise, ou encore refuser des emplois qui ne donnent aucune responsabilité et n'offrent aucune perspective d'ascension sociale ou salariale.

Le revenu de base aura donc pour effet de rééquilibrer le rapport entre employeurs et employés en faveur de ces derniers. Pour les organisations qui ont une politique de ressources humaines juste et satisfaisante pour les employés, il ne devrait pas avoir d'effet sur la gestion courante. En revanche, d'autres entreprises pourraient être conduites à revoir leur stratégie.

Les employeurs sont-ils nécessairement perdants ? Pas nécessairement, car dès lors que l'employé a le choix de refuser ou non un emploi, l'employeur peut être sûr qu'il attire les travailleurs les plus motivés. Ainsi, le revenu de base peut être le catalyseur d'une confiance accrue entre travailleurs et salariés. Il peut aussi encourager de nouvelles formes de cogestion entre les employeurs et les employés, entre le capital et le travail, donnant à ce dernier une place plus grande dans le choix des objectifs de l'entreprise ou l'organisation du travail, sur le modèle de ce qui se fait déjà en Allemagne. Les syndicats deviendront alors des interlocuteurs incontournables pour les employeurs, non pas seulement dans les questions de rémunération ou de droit du travail, mais aussi dans les questions liées à l'organisation de la production, à la mobilité hiérarchique des travailleurs au sein de l'entreprise, etc.

Ajoutons que certaines propositions de financement du revenu de base vont de pair avec une baisse du coût du travail salarié, sans conduire à une baisse du salaire net. Ces propositions sont développées dans le Livre 2 sur le financement du revenu de base. Dans une telle perspective, les employeurs jouiront d'une baisse du coût du travail, mais devront malgré tout faire les efforts pour proposer des emplois suffisamment intéressants pour attirer des travailleurs motivés.

Fiche n° 4a :
Pourquoi la Révolution industrielle est-elle allée de pair avec l'aliénation du travail ?

Quand bien même la Révolution industrielle, qui débute à partir de la fin du XVIIIe siècle en Angleterre, permet une multiplication considérable des richesses produites, et permet à différentes sociétés de sortir de l'ère de la rareté et d'entrer dans l'ère de l'abondance, elle fait par la même occasion deux victimes : le travailleur et le travail. Le travailleur est une victime d'abord du fait de sa prolétarisation. À la suite de la longue histoire des enclosures[44] en Angleterre, on voit émerger une nouvelle classe de paysans sans terre, une classe d'artisans sans atelier, une classe de prolétaires qui n'a que sa force de travail à vendre pour survivre. Cette classe alimentera la masse des ouvriers qui travailleront dans les usines, mais qui seront aussi les premières victimes des crises économiques. C'est la classe qui, du fait qu'elle n'a aucun patrimoine productif pour assurer sa protection, subit l'exploitation et l'insécurité sociale liées au statut précaire du salarié au XIXe siècle.

L'effet pervers du salariat ne tient pas uniquement au fait que le travailleur est en situation de dépendance vis-à-vis de son employeur pour vivre, situation qui a tout de même pu s'améliorer au cours de la fin du XIXe et du XXe siècle à mesure que s'est développé le système de protection sociale. Il tient d'abord au fait

44. Processus historique qui s'étale du XIVe au XIXe siècle en Angleterre, et par lequel des seigneurs se sont approprié des terres jusqu'alors propriétés communales, d'abord pour y faire paître des moutons afin d'alimenter l'industrie lainière naissante en Angleterre, puis dans une deuxième phase pour développer de grandes fermes capitalistes. Les propriétaires terriens ont entouré ces terres communales d'enclos – d'où le terme *enclosure* – excluant ainsi leur usage pour les paysans. Le phénomène d'enclosure explique l'explosion du nombre de paysans sans terre en Angleterre dès le XVe siècle, ce qui fera dire à Thomas More qu'en Angleterre, « ce sont les moutons qui mangent les hommes ».

que le travailleur, en vendant sa force de travail au capitaliste, a perdu toute autonomie et tout pouvoir sur ce qu'il produisait et sur les conditions dans lesquelles il pourrait les produire. C'est non seulement une partie des fruits de son travail qui lui est retirée – ce que Marx appelle l'exploitation –, mais c'est aussi le savoir-faire et les compétences attachées à l'ouvrage qui lui sont enlevés, ainsi que le droit de regard sur le produit et les techniques de production.

Au début du XIXe siècle en Angleterre, des artisans tondeurs et tricoteurs sur métiers à bras se révoltent et détruisent les machines à tisser utilisées par les nouvelles manufactures du textile : c'est la « révolte des Luddites ». S'ils se révoltent, c'est bien entendu parce qu'ils savent qu'ils ne pourront pas faire concurrence à ces machines, qu'ils vont perdre leurs sources de revenus et qu'ils vont être contraints, à terme, à vendre leur force de travail à l'industrie capitaliste. Mais c'est aussi parce qu'ils se rendent compte que, ce faisant, ils vont perdre leur autonomie au travail : ils devront produire ce que le marché demande, et dans les conditions exigées par le capital, c'est-à-dire celles qui sont les plus rentables. Ainsi, la seconde victime des Première et Deuxième Révolutions industrielles, c'est le travail lui-même, qui devient de plus en plus aliéné.

L'essor du capitalisme est allé de pair, tout au long du XIXe et au début du XXe siècle, avec l'aliénation et la dégradation des conditions de travail. Pour améliorer la productivité du travail, F. W. Taylor propose à partir des années 1880 de mettre en place une organisation scientifique du travail dans le but d'améliorer la productivité du travail. Les tâches de conception du processus productif sont séparées des tâches d'exécution : d'un côté, des ingénieurs qui conçoivent scientifiquement le processus de production de façon à minimiser les temps improductifs et à accroître le rendement du travail, de l'autre, des ouvriers spécialisés assignés à une tâche répétitive et sans intérêt. Désormais, le travail devient définitivement aliénant : non seulement le travailleur n'a plus aucune prise sur la nature et les raisons de ce qu'il produit, mais les conditions mêmes du travail lui échappent et deviennent de moins en moins humaines.

Fort heureusement, les tâches d'exécution les plus répétitives commencent à être automatisées à mesure que l'on développe des machines de plus en plus performantes. Depuis les années 1970 jusqu'à aujourd'hui, avec la montée du numérique, ce sont toutes les tâches routinières qui sont progressivement automatisées. Cela devrait ouvrir une opportunité incroyable pour une réappropriation de son travail par le travailleur. Encore faut-il lui en donner les moyens.

Le revenu de base peut être cet instrument qui participe à donner plus d'autonomie au travailleur et lui donne les moyens de se réapproprier son travail. Il pourra ainsi permettre aux travailleurs d'exprimer ses compétences, ses talents et ses idéaux dans de nouveaux projets qui accroîtront les richesses de ce monde.

Fiche n° 4b :
« Mais qui va faire les tâches que personne ne veut faire ? »

Si tout le monde peut choisir son travail, qui va faire le « sale boulot » ? C'est l'une des critiques classiques des détracteurs du revenu de base.

En ce qui concerne les boulots pénibles et sans intérêts, Philippe Van Parijs et Yannick Vandeborght[45] proposent trois issues :

— Si ce sont des boulots pénibles mais nécessaires, alors la société cherchera à les revaloriser, par exemple, par des salaires plus élevés, afin d'attirer les travailleurs. Ainsi le revenu de base permet de rendre le partage des richesses plus équitable, en faisant en sorte que les emplois les plus pénibles soient aussi les mieux rémunérés[46].

— Certains « sales boulots » peuvent aussi être automatisés. C'était notamment le cas du travail à la chaîne et ce sera le cas pour un nombre toujours plus élevé de tâches.

— Enfin, d'autres boulots ne trouveront peut-être pas preneur. Et si le marché n'est pas capable de les revaloriser, c'est probablement que ce ne sont pas des emplois si utiles que cela. Voire même que leur disparition sera bénéfique à la société, si l'on pense, par exemple, aux emplois dans le télémarketing ou la publicité.

45. Philippe Van Parijs et Yannick Vanderborght, *L'allocation universelle*, La Découverte, 2005.

46. Une proposition alternative peut éventuellement être envisagée pour certains boulots au service de la collectivité : ce serait de mettre en place une forme de service civique obligatoire. Il ne s'agit que d'une alternative à la revalorisation des salaires, et d'un choix qui est somme toute indépendant du revenu de base en lui-même.

On pourrait pousser la réflexion en nous demandant ce qu'est un « sale boulot ». Dans toutes les entreprises, il y a des tâches qui sont plus pénibles ou moins valorisantes. Ces tâches pourraient être réparties équitablement entre les travailleurs de l'entreprise, par exemple, en les partageant de façon égale entre tous. On pourrait encore donner le « sale boulot » aux jeunes recrues et leur attribuer des responsabilités de plus en plus intéressantes à mesure qu'ils prennent en ancienneté. Mais comme l'a montré le sociologue Everett C. Hugues, il s'opère dans les entreprises une division sociale du travail qui conduit à réserver les tâches les plus intéressantes à certains travailleurs privilégiés, et à assigner les autres travailleurs – souvent des femmes – les tâches les moins valorisantes, aux emplois avec peu de responsabilités et peu d'opportunités de promotion professionnelle.

Le revenu de base pourrait conduire certains travailleurs à refuser les emplois les plus pénibles, mais aussi ceux qui n'offrent que peu d'opportunités de promotion professionnelle. Il pourrait alors obliger les employeurs à revoir leur organisation interne et leur politique de ressources humaines, à répartir de façon plus équitable les tâches pénibles et à proposer des emplois donnant de réelles perspectives de promotion professionnelle.

Fiche n° 4c : Donner aux individus les moyens d'affronter la transition écologique

La nécessité de réduire les émissions de gaz à effet de serre et plus généralement notre empreinte écologique fait que certaines pratiques de production et de consommation sont menacées, et avec elles certains emplois. À titre d'exemple, faire plus de 200 km par jour en voiture pour aller travailler risque de ne plus être possible, ou de devenir très coûteux si une taxe carbone est mise en place à un montant suffisant pour réduire réellement nos émissions de gaz à effet de serre. Certains travailleurs devront choisir entre basculer vers les transports en commun quand ceux-ci existent, déménager pour se rapprocher de leur emploi, aller moins souvent au bureau ou encore chercher un travail plus proche de leur domicile. Mais comme chacun de ces choix est coûteux en termes de dépenses ou de revenu, les travailleurs parviendront difficilement à faire leur choix sans avoir un soutien en termes de revenu, et une forme de déconnexion entre leur revenu et leur emploi.

Le revenu de base doit aussi permettre d'accroître les marges de choix du travailleur. Dans cet exemple du travailleur dont l'emploi est trop éloigné du domicile, celui-ci pourra plus facilement choisir de chercher un emploi plus proche de son domicile, même si cet emploi est moins bien rémunéré, le revenu de base compensant la baisse de salaire. De façon générale, le revenu de base est aussi là pour permettre de gérer plus facilement les transitions (un changement d'emploi, une formation, une séparation, un déménagement dans une nouvelle région, un nouveau projet de vie, etc.). Comme le dit Carlo Vercellone, il favoriserait « le passage d'un modèle de précarité subie à un modèle de mobilité choisie ». En cela, il permet à chacun d'être plus résilient, notamment face aux contraintes liées à la transition écologique, qui peuvent conduire les uns ou les autres à vouloir ou à devoir changer d'emploi ou de mode de vie.

Chapitre 5
Une politique génératrice de nouvelles richesses

Redonner de l'autonomie au travailleur, ce n'est pas seulement lui donner plus de pouvoir sur le lieu de travail ou lui donner le pouvoir de choisir son travail. C'est aussi lui donner la possibilité de créer son travail, de développer une activité nouvelle. Ainsi, suite à la mise en place d'un revenu de base, on peut s'attendre à voir de nombreuses personnes entreprendre des projets vecteurs de richesses nouvelles, qu'elles soient marchandes ou non.

Un encouragement à de nombreuses initiatives

Les uns créeront un petit restaurant ou une activité culinaire, d'autres chercheront à développer une innovation et à la commercialiser, d'autres voudront développer leur logiciel ou leur site internet, d'autres une entreprise artisanale, d'autres reprendront une usine qui ferme en s'organisant sous forme de coopérative ouvrière, d'autres réaliseront un film, monteront un spectacle ou organiseront un festival, créeront un club de football, etc. Comme le dit André Gorz[47], « le revenu de base est une politique "générative" en ce qu'elle permet une multiplication des richesses ». Autant de richesses qui ne seront pas nécessairement le fruit de la logique du marché ou de choix politiques, mais qui seront d'abord l'expression des aspirations, des valeurs et des talents des travailleurs eux-mêmes. Pour

47. André Gorz, *Misères du présent, richesses du possible*, 1997.

Jean-Marc Ferry (1995)[48], « le revenu de base permet de donner un peu plus de place au travailleur dans la "sélection sociale des activités utiles", et de ne pas abandonner cette sélection au seul marché ou au seul pouvoir politique ».

Ainsi, on aurait tort de penser que l'automatisation conduit à la fin du travail. Au contraire, l'automatisation, c'est le début du travail, le travail conçu comme projet nouveau, comme supplément de richesse apportée à la société, comme source de réalisation de soi. À condition, bien entendu, qu'il y ait un revenu de base qui donne à chacun une autonomie suffisante pour faire ce travail.

Le revenu de base permet notamment de se lancer, de prendre des risques, quitte à échouer. Il n'est pas toujours facile de lancer un projet ou une innovation : aujourd'hui, les financeurs de projet n'acceptent de financer que s'ils ont une étude économique qui leur assure un retour sur investissement. Or, pour un concept ou un produit nouveau, il est souvent illusoire de faire une étude de marché, car le marché est immature pour comprendre la future solution. Du coup, les « inventeurs » se financent sur leurs propres deniers, et parfois abandonnent leur idée faute de moyens. Le revenu de base pourra financer ces créatifs de tout type, et permettra de faire émerger des idées intelligentes qui jusqu'à maintenant ne pouvaient être développées en raison de leur précocité. Le revenu de base est donc un accélérateur de créativité.

Il y a déjà de nombreux exemples d'individus qui ont développé un projet en vivant de l'aide sociale, et dont le projet a rencontré un vif succès. Jan Koum a, par exemple, créé WhatsApp alors qu'il vivait de l'aide alimentaire[49], et il a pu revendre son application à Facebook pour 19 milliards de dollars. En cela, l'économie du numérique rejoint l'économie de l'art, car on trouve un certain nombre d'artistes qui ont créé des œuvres qui ont été des succès importants alors qu'ils vivaient des aides sociales : J. K. Rowling, auteure de la série *Harry Potter*,

48. Jean-Marc Ferry, *L'allocation universelle : pour un revenu de citoyenneté*, 1995.

49. « Sans aide alimentaire, WhatsApp n'aurait jamais vu le jour », *Slate*, http://www.slate.fr/economie/84039/aide-alimentaire-whatsapp-jan-koum

Abdel-Raouf Dafri, scénariste du film *Un Prophète* qui a reçu la Palme d'or à Cannes en 2009. Il ne s'agit que d'exemples parmi d'autres.

Certes, toutes ces initiatives ne rencontreront pas le succès. Certaines échoueront à terme. D'autres deviendront rentables. D'autres s'avéreront utiles à la collectivité et le pouvoir politique pourra décider de les subventionner pour y stabiliser des travailleurs rémunérés et pérenniser leur fonctionnement. D'autres se perpétueront sans donner forcément lieu à la création d'emplois rémunérés. Et ces initiatives seront toutes vectrices de richesses nouvelles ou au moins d'expériences enrichissantes pour ceux qui les auront entreprises.

Un soutien aux « pionniers » de la transition écologique et sociale

Cette autonomie accrue donnée aux travailleurs pour entreprendre s'avère particulièrement pertinente au moment où il nous faut opérer la transition écologique. La transition écologique passe bien évidemment par un certain nombre d'investissements dans les énergies renouvelables, l'isolation des bâtiments ou les transports collectifs. Mais elle demande aussi une transformation profonde des modes de production et de consommation, ainsi que de la répartition géographique des activités et des habitations.

Il faudrait par exemple passer d'une économie de la marchandise jetable et de l'obsolescence programmée à une économie de la fonctionnalité reposant sur des biens durables, réparables, partageables, revendables ou échangeables, etc. Il faudra donc développer les services de partage des biens, les ressourceries qui permettent de réparer les équipements et les meubles, les services de location de biens, etc. Il faudrait aussi développer l'agriculture biologique, l'agriculture de proximité autour des villes afin de réduire la distance avec le consommateur, les services de transport partagé, le petit artisanat pour isoler les logements, et toute une série de services qui permettront de réduire notre consommation d'énergie et de ressources non renouvelables, ainsi que nos émissions de gaz à effet de serre.

Ces transformations ne seront possibles qu'en s'appuyant sur une multitude de projets portés par une multitude d'entrepreneurs pionniers de la transition écologique. Ces entrepreneurs inventeront et développeront dans chaque territoire les services innovants qui permettront de réduire nos émissions de gaz à effet de serre et notre empreinte écologique tout en assurant une réelle prospérité économique et sociale. Pour Christian Arnsperger et Warren A. Johnson[50], le revenu de base est cet outil qui donnera suffisamment d'autonomie aux « pionniers de la transition » pour développer ces modes innovants de production et de consommation.

50. Christian Arnsperger et Warren A. Johnson, « Le revenu garanti comme outil pour la transition vers la frugalité » *in* T. Coutrot, D. Flacher et D. Meda, *Pour en finir avec ce vieux monde. Les chemins de la transition*, Utopia, 2011.

Chapitre 6
L'émergence du travail contributif et des communs

L'automatisation et la numérisation d'un nombre croissant de tâches va de pair avec une métamorphose du travail et des formes de production de richesse. On ne produit plus la richesse comme avant, et donc, on ne peut plus rémunérer les créateurs de richesse comme avant.

Le potentiel de l'économie contributive

L'économie contributive en plein essor illustre ce changement dans la production de richesse en ce qu'elle permet le développement des communs de la connaissance qui deviennent une source majeure de production de richesse et de valeur. On entend par économie contributive l'ensemble des projets auquel chacun participe sans en attendre de contrepartie financière. Souvent, il s'agit de produire des connaissances partagées, utilisables gratuitement par n'importe qui : c'est le principe des « communs de la connaissance »[51]. Le logiciel libre constitue ainsi le modèle de l'économie contributive, mais le principe s'étend à la conception et au design de toute une série de biens : on peut trouver sur Internet des plans participatifs pour construire sa maison ou pour fabriquer une voiture. L'entreprise Wikispeed fabrique, par exemple, des automobiles modulables et open-source, c'est-à-dire que les plans sont accessibles à tout le monde et que tout le monde peut y contribuer.

51. Benjamin Coriat (dir.), *Le retour des communs : la crise de l'idéologie propriétaire*, Les liens qui libèrent, 2015.

Il faut se rendre compte que l'économie contributive n'est pas une niche située en dehors de l'économie productive dominante. Au contraire, elle alimente directement l'économie marchande par ses contributions gratuites. Aujourd'hui, pour produire un programme informatique efficace et innovant, tous les informaticiens font appel à une mine de lignes de code mises en partage gratuitement par des contributeurs. Et avec le développement des imprimantes 3D, l'économie contributive va jouer un rôle croissant dans l'économie tout entière.

L'économie contributive se développe à partir de la conjonction de trois phénomènes. D'une part, une population de plus en plus formée et qui a accès grâce à Internet à une étendue incommensurable de savoirs, et notamment de savoirs techniques nécessaires pour produire. D'autre part, grâce au développement d'Internet, il devient de plus en plus simple de partager et d'échanger ce savoir, voire de co-construire le savoir comme l'illustre le principe du logiciel libre, du design collaboratif open-source et des « communs de la connaissance ». Enfin, le processus de production et de distribution lui-même demande de moins en moins de travail et est de moins en moins coûteux.

Avec le développement tant attendu des imprimantes en 3 dimensions (3D), le processus de production des objets ou de prototypes pourrait se rapprocher du modèle du logiciel libre. Le développement des imprimantes 3D permet déjà, avec peu d'investissement et de formation, de prototyper des objets en trois dimensions, ou de produire des pièces de rechange unitaires. On trouve déjà sur Internet une profusion de modèles d'objets et leurs fichiers sources, permettant à chacun d'expérimenter et faire évoluer ces objets. Même si les objets ainsi produits ne répondent pas à un cahier des charges technique sur tous points (mécanique, chimique, industrialisation pour une production de masse, temps de réalisation élevé, prix de revient...), ils sont sources d'inspiration pour de nouvelles formes et expressions de la créativité.

En outre, si l'impression 3D fait de grands progrès dans les années qui viennent, il deviendra possible de produire n'importe quel objet à partir d'une imprimante que l'on pourra trouver dans un fab-lab voisin. Et l'on trouvera sur Internet le programme ou le code-source permettant de produire chaque objet, programme qu'il suffira d'activer sur l'imprimante 3D.

Toutefois, cette révolution dans le processus de production ne pourra avoir lieu que si les programmes et ces modèles sont donnés gratuitement aux usagers. Tout l'enjeu est de donner un libre accès aux programmes, et c'est l'enjeu même de l'économie contributive. Si les producteurs de programmes et de modèles sont prêts à les mettre à disposition gratuitement, sans attendre de contrepartie, alors on pourra assister à une réelle révolution dans les processus de production. Au contraire, s'ils cherchent à les monnayer, alors cela ralentira les échanges de connaissances et d'informations et tout le monde s'en verra appauvri.

La connaissance a cette spécificité d'échapper au principe de rareté et d'exclusivité. En économie, on dit que c'est un bien non rival, un bien commun. Yoland Bresson, un des pères du revenu de base, aimait à utiliser cette image pour comparer l'échange d'une idée avec l'échange d'un bien, en l'occurrence un œuf : « Si je te donne un œuf et que tu me donnes un autre œuf, nous disposons à la fin d'un œuf chacun. Si je te donne une idée et que tu me donnes une autre idée, nous disposons à la fin chacun de deux idées. Nous nous sommes donc mutuellement enrichis dans l'échange. » Nous nous sommes non seulement enrichis, mais nous avons développé des connaissances partagées, socles d'une culture commune qui ne peut qu'accroître notre cohésion sociale ainsi que notre efficacité économique.

Dans une économie où chacun attend une contrepartie directe pour les connaissances qu'il apporte, alors l'innovation sera ralentie et le volume de richesses (marchandes ou non) en sera amoindri. Au contraire, l'existence d'un revenu de base encourage plus de monde à contribuer à des projets collaboratifs en apportant ses connaissances sans en attendre de contrepartie, puisque chacun a sa subsistance assurée. Le revenu de base favorise ainsi l'échange gratuit de connaissance. Comme le dit Carlo Vercellone, « il est aussi la contrepartie d'un travail cognitif dont on ne peut identifier les contributeurs sans en trahir la dimension collective ». Partant de ce constat, il est justifié de penser que le revenu de base est « le prochain modèle économique de l'humanité », comme l'affirme Jeremy Rifkin[52].

Les activités hors-travail sont aussi des activités contributives

Les principes de l'économie contributive ne se développent pas uniquement sur Internet. Ils se développent aussi sur des lieux physiques de travail où des porteurs de projets se rencontrent et s'entraident dans leurs projets respectifs. Les espaces de co-working se développent, où des travailleurs indépendants mettent en commun des outils de travail, mais aussi se rendent service les uns les autres sans attendre de contrepartie.

Mais on aurait tort de croire que ces échanges de connaissances et de savoirs se cantonnent à ces espaces circonscrits de production et d'échange. En fait, l'ensemble des activités sociales participent à la fabrication et à l'échange de ces connaissances et de ces savoirs qui sont aujourd'hui à la base de la production de richesse, maintenant que la tâche de production elle-même est de plus en plus automatisée : lorsque l'on chante dans un ensemble vocal, lorsque l'on participe à un jardin partagé, à des activités associatives diverses, à une fête de quartier, à la vie citoyenne, lorsque l'on milite politiquement, lorsque l'on est bénévole dans un festival ou même lorsque l'on échange sur la spiritualité ou lorsque l'on fait un foot avec des amis.

Par le passé, les temps sociaux collectifs étaient autant d'occasions d'échanger sur des questions liées à la production de richesse. Ça l'est encore d'autant plus aujourd'hui, où la connaissance, le savoir et la culture sont les principales sources de richesse. Elles sont sources intrinsèques de richesse individuelle comme collective dans la mesure où elles accroissent autant les capabilités[53] et les compétences de chacun comme

52. Jeremy Rifkin : "Basic income is not a utopia. It is a practical business plan for the next step of the human journey".

53. Les « capabilités » sont une notion introduite par le prix Nobel d'économie Amarty Sen. Il s'agit des capacités effectives d'un individu à choisir et à agir pour changer sa situation, capacités qui dépendent autant

la cohésion sociale. Ainsi Monnier et Vercellone[54] justifient le revenu de base comme le revenu qui permet d'entretenir le développement de ces activités de production d'échange et de savoir. Il est en quelque sorte la contrepartie d'un travail cognitif et collectif créateur de savoirs partagés, dans la mesure où il favorise les activités qui accroissent et répandent ce savoir partagé. Ils démontrent bien que les frontières entre la sphère de la production et la sphère de la vie sociale, dressées par la montée en puissance du capitalisme industriel, tendent aujourd'hui à s'effriter. Dans une économie fondée sur la connaissance et le rôle moteur de services relationnels, ce sont en effet les capacités génériques des hommes et des femmes, développées dans la sphère du hors-travail, qui sont de plus en plus mobilisées dans la production de richesse et même de valeur.

Fiche n° 6a :
Travail cognitif et revenu de base comme revenu primaire
(par Jean-Marie Monnier et Carlo Vercellone)

Deux évolutions témoignent du rôle de plus en plus central de la dimension cognitive du travail dans le capitalisme contemporain et contribuent à plaider pour l'instauration d'un revenu de base.

La première évolution a trait à un fait stylisé souvent évoqué par les théoriciens de l'économie de la connaissance[55]. Il s'agit de la tendance historique à travers laquelle la part du capital nommé intangible (recherche et développement (R&D), mais surtout éducation et santé), a dépassé celle du capital matériel dans le stock global du capital et, est devenue l'élément déterminant de la croissance. L'interprétation de ce fait stylisé nous livre plusieurs enseignements majeurs, systématiquement passés sous silence par la littérature *mainstream* sur la *knowledge-based economy*.

de ses savoirs et de ses compétences que de son réseau social, de la qualité du fonctionnement des services publics ou du marché et des opportunités qu'il est amené à rencontrer.

54. Jean-Marie Monnier et Carlo Vercellone, « Fondements et faisabilité du revenu social garanti », *Multitudes*, vol. 7, n° 4, 2006.

55. Foray D. (2000), *L'économie de la connaissance*, La Découverte, coll. Repères, Paris.

Le premier enseignement est que la hausse du capital intangible est étroitement liée aux facteurs à la base de l'essor d'une intellectualité diffuse. Ce que l'on nomme capital immatériel est donc en réalité incorporé pour l'essentiel dans les hommes et correspond aux facultés intellectuelles et créatrices de la force de travail.

Le deuxième enseignement est que les ressorts sociaux et les véritables secteurs moteurs d'une économie fondée sur la connaissance ne se trouvent pas uniquement dans les laboratoires de R&D des grandes firmes. Ils correspondent surtout aux services collectifs assurés traditionnellement en Europe par les institutions du Welfare State (santé, éducation, recherche publique, etc.), selon une logique non marchande.

Le troisième enseignement renvoie à la manière dont l'expansion du salaire socialisé (retraite, indemnité de chômage, etc.) a favorisé l'atténuation de la contrainte au rapport salarial et une libération du temps qui, du point de vue du développement d'une économie fondée sur la connaissance, se présente comme une force productive immédiate, comme le présentait déjà Marx dans les pages des *Grundrisse* consacrées à ce qu'il appelait le *general intellect*[56].

Le quatrième enseignement de ce fait stylisé est que dans une économie fondée sur la connaissance, les facteurs principaux de la croissance et de la compétitivité d'un territoire dépendent toujours davantage des facteurs collectifs de la productivité : qualité des infrastructures d'enseignement et de recherche, niveau de formation de la force de travail, patrimoine de connaissances tacites liées aux activités productives, etc.[57]. Cela signifie aussi que les conditions mêmes de la formation et de la reproduction de la force de travail sont désormais de plus en plus directement ou indirectement productives et que la source de la « richesse des nations » repose aujourd'hui de plus en plus sur une coopération productive située en amont des enceintes des firmes. Cette tendance trouve aussi une autre manifestation majeure dans la manière où la rencontre entre la formation d'une intelligence collective et les technologies

56. Carlo Vercellone, "From Formal Subsumption to General Intellect : Elements for a Marxist Reading of the Thesis of Cognitive Capitalism", *Historical Materialism* 15 (2007) 13-36, 2007, http://www.generation-online.org/c/fc_rent5.pdf

57. Aglietta, M., (1997), *Régulation et crise du capitalisme*, (Nouvelle édition revue et corrigée, augmentée d'une postface inédite), éd. Odile Jacob, Paris.

de l'information et de la communication a ouvert la voie à des formes inédites d'auto-organisation de la production et de l'échange de savoirs. Elle a donné notamment lieu à la formation de communautés intensives en connaissance[58], qui, à l'instar du modèle du logiciel libre, font souvent preuve d'une efficacité supérieure à celle des grandes entreprises. Cette efficacité supérieure concerne autant la qualité des produits que la dynamique d'innovation qui, en l'absence de droits de propriété exclusifs, se diffuse librement dans l'ensemble de la société. Notons aussi que, face à cette évolution, l'idée traditionnelle selon laquelle la production de savoirs serait le fait d'un secteur spécialisé, perd beaucoup de sa pertinence. Ce secteur tend à englober aujourd'hui l'ensemble de la société. Il en résulte que le concept même de travail productif devrait s'étendre à l'ensemble des temps sociaux qui participent à la production et à la reproduction économique et sociale.

La seconde évolution concerne la manière dont, tant du point de vue de la création de la valeur que de l'emploi, l'hégémonie fordiste d'une division technique du travail cède la place à celle d'une division cognitive du travail. Dans ce cadre, l'efficacité productive ne dépend plus de la décomposition du processus de production en opérations répétitives et prescrites. Elle repose sur la polyvalence et la complémentarité de divers blocs de savoirs que les travailleurs mobilisent collectivement pour réaliser un projet productif et s'adapter à une dynamique de changement continu. La hausse de la dimension cognitive du travail entraîne celle de sa partie « invisible », difficilement codifiable et prescriptible. Cela est d'autant plus vrai que le travail cognitif, contrairement au travail taylorien, tend à empiéter sur l'ensemble des temps de vie. De par sa nature, il fait appel à une activité qui se déroule tant en dehors que dans le cadre de l'entreprise et de l'horaire officiel de travail. Les frontières traditionnelles entre travail et non-travail s'estompent, et cela à travers une dynamique éminemment contradictoire. Il s'ensuit la déstabilisation de deux éléments essentiels régissant les termes canoniques de l'échange capital/travail dans le capitalisme industriel.

58

58. David Paul A., Foray Dominique, « Une introduction à l'économie et à la société du savoir », *Revue internationale des sciences sociales* 1/2002 (n° 171), p. 13-28.

URL : www.cairn.info/revue-internationale-des-sciences-sociales-2002-1-page-13.htm

D'une part, dans les activités intensives en connaissances, où le produit du travail prend une forme éminemment immatérielle, on assiste à la remise en cause de l'une des conditions premières du contrat salarial, à savoir la renonciation de la part des travailleurs, en contrepartie du salaire, à toute revendication sur la propriété du produit de leur travail. Dans des activités comme la recherche ou les logiciels, par exemple, le travail ne se cristallise pas dans un produit matériel séparé du travailleur : le produit demeure incorporé dans son cerveau et indissociable de sa personne. Cela contribue à expliquer la pression exercée par les firmes pour obtenir un renforcement des droits de propriété intellectuelle et intégrer dans les contrats de travail des clauses strictes concernant le secret, pour s'approprier les connaissances et clôturer les mécanismes permettant leur circulation. Elle explique aussi, en opposition au modèle propriétaire, l'efficacité productive supérieure en termes de qualité et d'innovation dont fait souvent preuve le développement de l'économie non marchande des « communs de la connaissance ». Dans ce cadre comme dans le modèle productif du logiciel libre, la coopération horizontale du travail, la libre circulation des connaissances et des formes de propriété fondées sur le commun comme le copyleft, se renforcent et s'alimentent l'une l'autre.

D'autre part, l'unité de temps et de lieu de la prestation de travail propre au rapport salarial fordiste en sort profondément altérée. Le temps de travail officiel n'est plus qu'une fraction du temps effectif de travail. Le vieux dilemme concernant l'exécution du contrat de travail réapparaît avec force sous des formes nouvelles. Le capital est non seulement à nouveau dépendant des savoirs des salariés, mais il doit obtenir une mobilisation active de l'ensemble des connaissances et des temps de vie des travailleurs. Cette dynamique engendre une tension croissante entre la tendance à l'autonomie du travail cognitif et la tentative du capital d'assujettir l'ensemble des temps sociaux à la logique hétéronome de sa valorisation.

La prescription de la subjectivité, afin d'obtenir l'intériorisation des objectifs de l'entreprise, l'obligation au résultat, le management par projets, la pression du client ainsi que la contrainte pure et simple liée à la précarité constituent les moyens principaux que le capital a trouvés pour tenter de répondre à ce problème inédit. Les diverses formes de précarisation du rapport salarial constituent aussi et surtout un instrument par lequel le capital tente d'imposer l'implication/subordination totale des salariés, et cela sans reconnaître et sans payer le salaire correspondant à ce temps de travail non intégré et non mesurable par le contrat officiel de travail. Ces évolutions se traduisent par une montée du travail non mesurée et difficilement quantifiable selon les critères traditionnels de sa mesure. Il s'agit d'une autre série d'éléments qui doivent nous conduire à repenser globalement la notion de temps de travail, et donc de salaire, par rapport à l'âge fordiste.

Pour toutes ces raisons, l'instauration d'un revenu de base, pensé comme un revenu primaire serait une institution susceptible de conjuguer efficacité et justice sociale, tout en assurant la transition d'un modèle de précarité subie vers un modèle de mobilité choisie.

Chapitre 7
Redynamiser la sphère des activités non marchandes, associatives, culturelles et citoyennes

L'intérêt d'un revenu de base ne réside pas seulement dans les effets que l'on peut en attendre sur l'économie marchande et sur l'emploi. Il tient aussi au regain d'intérêt pour toutes les activités non marchandes, associatives, citoyennes ou culturelles auquel il peut donner lieu. Ces activités sont les mailles du tissu qui créent le lien social : participer à la fête de quartier ou de l'école, à une chorale ou à un club sportif, s'investir dans un comité de quartier, s'investir dans une association, etc.

La fragilité du lien social

Il ne faudrait pas être catastrophiste dans le diagnostic sur la cohésion de notre communauté et la force du lien social, mais on peut dire que les marges de progrès sont importantes. Le constat du repli sur soi, sa famille ou sa « communauté », du creusement d'une « fracture sociale » n'est pas nouveau. On a bien vu en 2015 comment la faiblesse du lien social pouvait se traduire par une explosion de violence – ou en tout cas échouer à l'empêcher d'exploser. Enfin, le recul important de la participation politique traduit lui aussi cette tendance au repli sur soi. Sans chercher à être exhaustif, on peut identifier plusieurs faits sociaux qui ont une influence sur la cohésion sociale.

Les effets de la mauvaise répartition du travail

La mauvaise répartition des emplois joue certainement un rôle dans la fragilisation du lien social. Certains individus travaillent trop et n'accordent plus de temps à toutes ces activités socialisatrices et citoyennes. Souvent même, ils travaillent tellement que c'est leur vie familiale qui en pâtit, et les activités associatives et citoyennes deviennent pour eux très marginales.

À l'inverse, de nombreuses personnes souffrent de ne pas avoir d'emploi. On pourrait alors penser qu'elles ont plus de temps à accorder aux activités citoyennes vectrices de lien social, mais souvent leur temps est accaparé par la recherche d'emploi. Et parfois, la peur du stigmate qui pèse sur le chômeur peut les conduire à s'autocensurer dans leurs activités socialisatrices, ou à ne fréquenter que des personnes qui sont dans la même situation.

Il ne s'agit pas de dire que la sur-activité des uns est l'unique responsable de la sous-activité des autres, puisque le chômage a aussi d'autres sources, mais il faut bien admettre qu'il y aurait beaucoup à gagner à favoriser une meilleure répartition du travail et des emplois.

Les effets de la société de consommation

Les sirènes de la publicité et de la consommation peuvent aussi expliquer en partie le recul relatif des activités socialisatrices et citoyennes et l'augmentation des tensions sociales.

Ces sirènes poussent d'abord les individus à travailler plus pour se procurer les biens que la publicité lui convainc de devoir acheter. Les incitations à consommer ne nous poussent pas seulement à acheter plus de biens, elles colonisent aussi nos activités de loisir. Les loisirs payants se sont multipliés sur ces dernières décennies : parcs d'attractions, clubs privés de sport, boîtes de nuit à l'entrée payante, cités balnéaires pour accueillir les touristes.

La multiplication de ces activités n'est certainement pas une mauvaise chose en soi, même si les études économiques montrent bien que la croissance de la consommation n'accroît plus le bonheur des individus dans les sociétés développées depuis les années 1970[59]. C'est surtout leur caractère marchand et payant qui accroît la frustration de ceux qui ne peuvent pas y accéder, ce qui a forcément des conséquences négatives sur la cohésion sociale. En outre, ces activités de loisir marchand prennent un temps qui aurait pu être attribué à des activités culturelles, sportives ou citoyennes réellement inclusives. On peut accuser la société de consommation, mais c'est peut-être le développement insuffisant d'activités culturelles, associatives ou citoyennes de proximité qui est en cause. À cet égard, il est troublant que pour de nombreux individus, aller au centre commercial soit une activité en soi !

Le marché ne fait en somme que se réapproprier le temps libre qui aura été délaissé par les citoyens, au prix d'une exclusion et d'une frustration plus forte. Il devient alors urgent de réinvestir ces activités sociales, culturelles, éducatives, sportives, conviviales et citoyennes qui sont vectrices de cohésion et d'inclusion sociale.

Un revenu de base pour réinvestir la sphère des activités non marchandes

C'est aussi cela que doit permettre le revenu de base. Il ne permet pas seulement de choisir son travail. Il permet aussi de réinvestir la sphère des activités hors-travail qui sont vectrices de cohésion sociale.

Du temps libéré pour ces activités

Tout d'abord, avec un revenu de base, il devient plus simple de décider de réduire son temps de travail pour attribuer plus de temps à ces activités sociales et citoyennes. L'effet collatéral

59. C'est ce que l'on appelle le paradoxe d'Easterlin, du nom de l'économiste qui a démontré cela. Voir aussi les travaux à ce sujet du récent « prix Nobel » d'économie Angus Deaton.

est de favoriser une meilleure répartition des emplois entre les individus, et ainsi de réduire le chômage. Le revenu de base constitue un « mode doux de partage du temps de travail » pour Philippe Van Parijs et Yannick Vanderborght[60]. Mais il peut aussi être complémentaire d'une politique de réduction du temps de travail par la loi, en évitant les corollaires des lois sur les 35 heures de 1998 et 2000 (voir fiche n° 7a, p. 81).

Le revenu de base, c'est aussi des marges accrues pour permettre à des « entrepreneurs citoyens » de développer ces activités non marchandes vectrices de lien social et de citoyenneté : lancer un projet de jardins partagés, organiser des activités de loisir pour les enfants du quartier pendant les vacances, développer des activités culturelles, sportives ou toute autre forme d'éducation populaire, réaliser un film, organiser un petit festival, participer à une initiative citoyenne pour améliorer la vie d'un quartier, etc.

Avec un revenu de base, il devient plus aisé de lancer une activité sans que le critère de rentabilité entre nécessairement en ligne de compte. Ces activités nouvelles, on y participe non pas en tant que consommateur, mais en tant qu'individu souhaitant apprendre, apporter ses compétences, appartenir à un collectif, et en tant que citoyen. Elles font partie des activités autonomes qu'André Gorz a définies comme celles qui sont à elles-mêmes leur propre fin. Ces activités collectives permettront en outre de renforcer le lien social, le capital culturel et la santé démocratique de notre pays. Elles permettront aussi d'améliorer l'intégration sociale des personnes en processus d'exclusion.

La frontière entre travail et activité s'effrite

Ces projets doivent-ils rester entièrement démonétisés ? Ne peuvent-ils pas être aussi créateurs d'emplois ? Bien sûr, ils le peuvent. Certains grands projets pourront nécessiter du travail qui devra être rémunéré pour être stabilisé. Les pilotes de ces projets pourront aller solliciter des subventions publiques ou

60. Philippe Van Parijs et Yannick Vanderborght, *L'allocation universelle*, La Découverte, 2005.

faire appel à des cotisations pour financer quelques emplois et pour pérenniser et instituer une activité. Ce qui ne veut pas dire que tout le travail sera rémunéré et qu'il ne restera pas une majorité de bénévoles. D'autres projets reposeront d'ailleurs entièrement sur de la participation non rémunérée, mais n'en seront pas moins pérennes (voir fiche n° 7a, p. 81).

Cela rappelle aussi combien la frontière entre travail et activité est floue (voir fiche n° 3a, p. 48). Prenons l'exemple d'un individu qui décide de monter un club sportif dont il serait l'entraîneur. S'il choisit d'être bénévole, alors son activité ne peut être définie comme un travail selon sa conception restrictive. Au contraire, s'il choisit de faire rémunérer son travail en augmentant le prix des cotisations d'adhésion ou en cherchant des subventions publiques, alors son travail sera considéré comme un emploi.

Cet exemple confirme à quel point la frontière entre travail et activité est floue. Mais surtout, il démontre que le volume d'emploi est indépendant du volume de richesse (marchande ou non) produit et n'a pas de sens en soi, surtout dans une société avec un revenu de base. Le volume d'emploi dépendra du choix des individus de se faire rémunérer ou non pour les activités autonomes qu'ils auront choisies, que ces activités soient appelées travail ou non. Cela nous amène justement à nous poser la question de l'emploi.

Fiche n° 7a :
Une politique de réduction par la loi du temps de travail est impossible sans revenu de base

Certains partis comme Nouvelle Donne défendent la réduction du temps de travail par la loi, par exemple, le passage du temps légal de travail hebdomadaire à 32 heures. Sans se prononcer sur cette proposition, nous pouvons dire qu'une réduction par la loi du temps de travail peut difficilement se faire sans mettre en place un revenu de base pour soutenir le revenu des travailleurs à bas salaire.

En effet, les lois Aubry de 1998 et 2000 avaient imposé une baisse du temps légal de travail sans diminution du salaire mensuel net, ce qui revient à une hausse du salaire horaire net. Pour éviter que cela entraîne une hausse du coût du travail – le salaire super-brut –

qui aurait été préjudiciable à l'emploi des travailleurs peu qualifiés, le gouvernement a augmenté les exonérations de cotisations patronales ciblées sur les bas salaires. Ces exonérations – aujourd'hui appelées « exonérations Fillon » depuis que le ministre François Fillon les a aménagées – coûtent près de 20 milliards d'euros de manque à gagner pour les caisses de Sécurité sociale. Mais elles ont aussi un effet pervers : elles ralentissent la mobilité salariale des travailleurs payés au SMIC horaire. En effet, si l'employeur veut augmenter le salaire de son employé, il perdra des exonérations et devra payer l'augmentation deux fois, ce qui est très dissuasif. On appelle cela un effet de « trappe à bas salaire ».

Pour éviter ces effets pervers d'une politique de réduction du temps de travail, il semblerait préférable d'accepter de maintenir le salaire horaire net, et donc de consentir à une baisse du salaire mensuel net avec la diminution du nombre d'heures travaillées. Le revenu de base permettrait alors de compenser – voire surcompenser – cette baisse de salaire.

Les politiques de réduction du temps de travail hebdomadaire sont-elles pour autant la panacée ? Soulignons qu'elles ne peuvent concerner que les travailleurs salariés, et pas les travailleurs indépendants. Or, le travail indépendant semble être en augmentation, ce qui limite la portée des politiques de réduction du temps de travail. En outre, beaucoup de travailleurs aiment leur travail et ne souhaitent pas nécessairement travailler moins, et ce phénomène pourrait être croissant avec la mise en place d'un revenu de base.

Par ailleurs, le partage du temps de travail correspond aux tâches segmentables entre différents travailleurs. Or, ces tâches sont justement celles qui risquent le plus d'être automatisées. Au contraire, se développent des formes de travail (salarié ou non) dont la dimension cognitive fait qu'elles ne sont pas segmentables et partageables. Le travailleur d'aujourd'hui est moins que celui d'hier attaché à une tâche qu'il peut laisser à quelqu'un d'autre. Il est au contraire attaché à des responsabilités et tenant d'un savoir souvent associé à ces responsabilités, ce qui fait qu'il est bien plus difficile pour lui de déléguer son travail à un autre pour une certaine période. Cela se répercute d'ailleurs sur le temps de travail, dans la mesure où le travail déborde de plus en plus du temps de l'emploi salarié et qu'il n'est pas rare que le travail suive le salarié en dehors des horaires de bureau et accapare une part de son esprit.

Partant de là, peut-être est-il plus pertinent de rechercher une réduction du temps de travail sur la vie plutôt que sur la semaine :

prendre des années de formation, des années sabbatiques, des années de bénévolat. On verra dans la partie 8 que, plus que le revenu de base, c'est la proposition de droits de tirage sociaux qui peut répondre à cette question-là.

Fiche n° 7b :
Sphère marchande, sphère publique, sphère autonome

Pour décrire les modalités de production de biens et de services, Philippe Van Parijs utilise une typologie admettant 3 types de régulations : marchande, étatique et autonome. À chacun de ces principes de régulation correspond une « sphère de production ».

Dans la sphère marchande, l'accès à un bien ou à un service se fait par le paiement d'un prix, prix qui permet de rémunérer les travailleurs fournissant le service. Le travail y est donc rémunéré. Dans la sphère étatique ou publique, le travail est aussi rémunéré, mais leur rémunération ne provient pas d'un prix de vente, mais de prélèvements obligatoires. Enfin, la sphère autonome repose sur du travail non rémunéré, et l'on peut accéder au service sans payer de prix.

Bien entendu, certaines activités se trouvent à cheval entre deux sphères. Prenons un club de foot, qui a le statut d'association. Elle se finance grâce aux cotisations des adhérents, ce qui permet de financer le salaire d'un éducateur sportif. Si l'éducateur sportif – seul ou avec un autre salarié – fait tout le travail nécessaire à faire fonctionner l'association, on peut dire que cette association obéit aux principes marchands. Si l'association mobilise aussi des parents bénévoles pour aider aux déplacements, définir les principes d'organisation du club, faire le travail de trésorerie, elle se trouve entre la sphère marchande et la sphère autonome. Enfin, si l'association demande une subvention à la mairie pour payer une partie des salaires ou de l'équipement, elle s'inscrit aussi en partie dans une logique publique. On peut appliquer ce même raisonnement à une multitude d'associations.

Le revenu de base permet de favoriser le développement de la sphère autonome, éventuellement au détriment de la sphère marchande. Cela signifie qu'il doit permettre le développement de clubs sportifs et autres associations culturelles ou citoyennes régis par des principes de gratuité plutôt que des principes marchands, et qu'il permet d'encourager le bénévolat dans ces associations.

Chapitre 8
Et l'emploi ?

Il nous faut maintenant répondre à la principale inquiétude de la plupart des commentateurs lorsqu'ils observent le processus d'automatisation et de numérisation des emplois, et notre proposition de revenu de base : et l'emploi alors ? Certains d'entre eux pensent que le revenu de base n'est qu'un pis-aller face au chômage de masse, un abandon de l'objectif de donner du travail à tout le monde. Mais ce n'est pas cela, bien au contraire, et il faut répondre à ces inquiétudes.

Il faut en premier rappeler que le revenu de base n'a pas comme vocation première à répondre à l'augmentation du chômage. Pour autant, le chômage reste une souffrance à laquelle il faut répondre. Et contrairement à un préjugé coriace, les défenseurs du revenu de base ne souhaitent surtout pas d'une société coupée en deux, avec des personnes en emploi rémunéré, et d'autres qui vivraient durablement en ne profitant que du revenu de base, sans jamais tirer de revenu d'un travail rémunéré.

Mais il faut aussi préciser que le revenu de base ne répond pas (directement) au problème du chômage. Le revenu de base est d'abord un droit qui doit nous permettre d'avoir plus de marges pour choisir son travail. Cela signifie que même si l'on était en situation de plein emploi, il faudrait un revenu de base pour s'assurer que les travailleurs sont bien dans un emploi qu'ils ont choisi, ou du moins qu'ils peuvent quitter s'ils le souhaitent.

Il faut aussi se poser la question du volume d'emploi : est-ce la fin de l'emploi ? Le volume d'emploi est-il condamné à diminuer ? Les économistes savent bien qu'en théorie, il est toujours possible de créer de l'emploi. Mais créer de l'emploi n'est pas non plus un objectif en soi, et l'on verra que la question du volume d'emploi se pose autrement avec un revenu de base.

Mais il faut commencer par poser le problème du chômage, et expliquer quelles sont ses sources pour savoir comment y répondre. On verra que sans être une réponse directe au chômage, le revenu de base peut aussi créer indirectement les conditions pour le réduire.

Les multiples explications du chômage

On peut comprendre le chômage comme une souffrance double. C'est bien entendu une souffrance en termes de revenu, surtout lorsque les chômeurs sont mal couverts par l'assurance chômage ou par les minima sociaux. Mais c'est surtout la souffrance de ne pas pouvoir contribuer positivement à la création de richesse par son travail, de ne pas se sentir reconnu comme travailleur. Il est donc nécessaire de répondre à ces deux souffrances.

Les explications du chômage sont multiples, et parfois, il s'agit plus d'interprétations que d'explications. Le chômage est principalement involontaire : l'individu veut trouver un emploi mais ne trouve personne pour l'embaucher. Mais certains commentateurs pensent aussi qu'il y a du chômage volontaire : des individus qui ne voudraient pas travailler, qui ne veulent pas apporter leur contribution à la production de richesse. Nous commenterons plus loin la pertinence de cette analyse.

Explications du chômage involontaire

En ce qui concerne le chômage involontaire, il peut avoir plusieurs origines. Il peut être lié à la mauvaise conjoncture économique, à l'insuffisance de la demande effective et donc de la demande de travail : c'est ce que l'on appelle le chômage keynésien, du nom de John Maynard Keynes, l'économiste qui, le premier, en 1936, a démontré par la théorie que l'on peut expliquer le chômage par une insuffisance de la demande et non pas par des salaires trop élevés[61].

Mais le chômage involontaire peut aussi être lié à des freins individuels à l'emploi : une qualification insuffisante, le manque de moyens de transport pour accéder aux zones d'emploi, l'absence de mode de garde pour ses enfants, etc. Le réseau social joue aussi un rôle prépondérant : les personnes qui se meuvent dans un réseau social restreint, ou dont le réseau social est largement constitué de personnes sans emploi, auront beaucoup plus de difficultés à trouver elles aussi un emploi. On voit bien ici combien l'effritement de la cohésion et le creusement des fractures sociales sont aussi en partie responsables du chômage.

Y a-t-il vraiment du chômage volontaire ?

D'autres préfèrent expliquer le chômage par le choix de certains de ne pas travailler : ces derniers profiteraient des allocations-chômage et des minima sociaux pour en faire le moins possible. Cette analyse est-elle pertinente ? Peut-elle vraiment concerner une grande part des chômeurs ? À l'épreuve des faits, il nous est permis d'en douter.

Tout d'abord, l'explosion du chômage de masse date des années 1980, alors que les allocations-chômage existent depuis 1958. On aurait donc du mal à voir un lien de cause à effet entre la mise en place des allocations-chômage et l'augmentation du chômage.

Mais surtout, les enquêtes sociologiques démontrent que les personnes exclues de l'emploi veulent d'abord travailler, même si ce travail n'augmente pas leur revenu. La sociologue Yolande Benarroch a réalisé des « entretiens approfondis avec une quarantaine de chômeurs de Paris et Toulouse, [entretiens qui] révèlent un rapport au travail loin d'être limité au seul intérêt financier. "Une minorité d'entre eux raisonne en fonction d'un gain immédiat." Un constat confirmé par le phénomène même

61. John Maynard Keynes, *Théorie générale de l'emploi, de l'intérêt et de la monnaie*, 1936.

de pauvreté laborieuse : parmi les 1,3 million de travailleurs pauvres en France, “plusieurs centaines de milliers de salariés occupent des emplois pour des salaires inférieurs aux revenus d’assistance dont ils pourraient bénéficier s’ils ne travaillaient pas, écrivait Yannick L’Horty, professeur d’économie à l’université d’Évry.” »[62] Selon une enquête réalisée auprès de bénéficiaires du RMI en 1998 – à une époque où le RSA n’avait pas encore remplacé le RMI –, plus du tiers d’entre eux avaient quitté le RMI sans en avoir tiré de gain monétaire, voire en subissant des pertes de revenu[63]. Ajoutons enfin que la France compte pas moins de 12 millions de bénévoles pour des associations[64] selon l’INSEE.

C’est donc une erreur fondamentale que de réduire le travail à un moyen de se procurer un revenu. Le travail est d’abord un moyen de se réaliser, mais aussi un moyen de s’intégrer socialement, d’être reconnu par la société, avant d’être une source de revenus. La majorité des chômeurs souhaitent contribuer par leur travail à la production sociale de richesse et être reconnus comme travailleurs. Et quoi qu’il en soit, quand bien même il existerait une minorité d’individus pour qui le travail se résume uniquement au salaire qu’il leur procure, on verra plus loin que le revenu de base incite bien plus ces derniers à rechercher un emploi que le RSA actuel.

Aux origines de l’exclusion sociale

Effectivement, pour certaines personnes éloignées du travail, le revenu de base ne règle pas leurs problèmes d’exclusion, problèmes qui demanderont un accompagnement personnalisé par un travailleur social.

62. « Le mythe de la trappe à inactivité », *L’Humanité*, 4 novembre 2000, *http://www.humanite.fr/node/236451*

63. Danièle Guillemot, Patrick Pétour et Hélène Zajdela, « Trappe à chômage ou trappe à pauvreté : quel est le sort des allocataires du RMI ? », *Revue Économique*, 2002, vol. 53, n° 6.

64. « 12 millions de bénévoles », Insee Première n° 946, février 2004, http://www.insee.fr/fr/themes/document.asp ?reg_id=0&ref_id=ip946

Il peut certes exister une minorité d'individus découragés par le travail, qui ne semblent pas motivés à contribuer par leur travail à la société : des chômeurs de longue durée, des jeunes en manque de motivation, etc. Faut-il voir dans leur manque de motivation un manque de volonté ? Ces personnes ont certainement besoin d'accompagnement pour retrouver une motivation au travail. Ils ont surtout besoin de reprendre confiance en eux, et le fait de se remettre à travailler peut être un moyen de reprendre confiance.

Mais il faut aussi se rendre compte que leur manque de motivation peut aussi être lié à la crise qu'a subie le travail, autant dans ses conditions que dans son sens. De nombreux individus aujourd'hui sont terrorisés par le travail, parce qu'au XXIe siècle, le travail est malade. Manque de sens, organisations hiérarchiques défectueuses, sur-rationnalisation, hiérarchies autoritaires, tâches disqualifiantes, absence d'autonomie du travailleur, harcèlement au travail, sur-responsabilisation et culpabilisation, sentiment d'échec et résignation, etc. Nombreux sont les travailleurs qui se sentent mal dans leur emploi. Les conséquences sociales sont désastreuses : surmenage (burn-out), ennui au travail (bore-out), sur-consommation d'antidépresseurs, voire suicides au travail.

De nombreuses personnes choisissent aussi de quitter la société de travail, parce qu'elles ont vécu une expérience qui les a terrorisées, ou encore parce que le travail qu'elles faisaient n'avait plus de sens pour elles[65]. Certains citoyens refusent de participer au système économique tel qu'il est actuellement mais s'investiraient volontiers dans des projets dès lors qu'ils sont porteurs de fraternité, de respect, d'égalité, d'entraide, etc. En somme, ce ne sont pas les individus qui ne veulent pas travailler, c'est le travail lui-même qui est en crise.

65. Voir le film de Pierre Carles, « Attention danger travail », sorti en 2003 et visionnable sur Internet : https ://www.youtube.com/watch?v=P-yPQEQghMs

Le revenu de base favorise l'intégration par le travail

De façon paradoxale pour certains, le revenu de base permet de répondre à un grand nombre de causes du chômage et de créer un contexte favorable à l'intégration du plus grand nombre par le travail. Nous ne traitons pas ici les causes macroéconomiques du chômage, qui seront traitées dans le chapitre 10, p. 115, mais uniquement des causes individuelles et sociales.

Une multiplication d'activités vectrices de travail

Évidemment, le revenu de base ne résout pas tous les freins à l'emploi. Il est d'abord nécessaire de permettre à tous d'accéder à la formation, à commencer par le travailleur sans qualification et les chômeurs de longue durée. Il est aussi nécessaire d'ouvrir plus de places en crèche pour permettre à tous les parents de travailler, ou encore de faciliter la mobilité de tous, notamment par un renforcement des transports collectifs.

Mais comme on l'a vu plus haut, le revenu de base favorise le développement d'une multitude d'activités qui seront autant d'occasions pour les chômeurs de s'intégrer comme travailleurs. Il peut s'agir d'activités marchandes, vectrices d'emplois : un petit restaurant, une petite entreprise de services… Il peut aussi s'agir de travail bénévole. Mais le travail bénévole, en plus d'être vecteur de reconnaissance sociale, est aussi un bon moyen de se former par l'action, d'acquérir des compétences et de l'expérience (voir fiche n° 8c, p. 96). Ce travail pourra éventuellement se transformer en emploi si l'on cherche les moyens de le financer.

En outre, de nombreuses activités pourraient se développer proche des quartiers d'habitation plutôt que dans les pôles d'emploi. C'est notamment le cas de tous les « services de proximité », souvent régis par des principes non marchands : activités culturelles ou sportives, entretien des espaces communs, crèches parentales, soins aux personnes dépendantes, activités de loisir, etc. En développant ces activités de proximité, le manque de mobilité ne serait plus un frein pour l'accès à l'emploi pour de nombreux travailleurs. Le revenu de base donne aussi les moyens de développer les crèches parentales et d'autres modes innovants de garde d'enfant pour permettre aux parents d'aller travailler – ce qui ne remet certainement pas en cause la nécessité de faire aussi subventionner par la Caisse d'allocations familiales les structures de garde d'enfant.

Mais surtout, toutes ces activités sont autant d'occasions pour que les individus les plus éloignés de l'emploi reprennent confiance en eux. En s'investissant dans ces projets, ils pourront se réinsérer dans la société du travail et espérer par la suite retrouver un emploi. Il existe certes des dispositifs de contrat aidé qui poursuivent le même objectif, mais leur nombre reste limité et les démarches et les conditions nécessaires pour constituer un dossier sont suffisamment conséquentes pour décourager de nombreuses associations d'en faire la demande.

Enfin, en permettant de reconstituer des réseaux de solidarités locales, le développement de ces activités réduit le risque d'exclusion et permet à chacun d'accroître son réseau social, réseau qui est aujourd'hui fondamental pour pouvoir trouver un emploi ou du travail qui nous intéresse.

Bien entendu, la mise en place d'un revenu de base ne doit en aucun cas remettre en question l'accompagnement social dont doivent bénéficier les personnes en insertion professionnelle. Au contraire, en supprimant la mission de contrôle des allocataires assignée aux travailleurs sociaux, il permet que se crée une relation de confiance entre le travailleur social et la personne accompagnée, et donc de favoriser une meilleure intégration (voir fiche n° 8b, p. 95).

La disparition des désincitations monétaires à l'emploi

Si le revenu ne constitue pas la principale motivation au travail, nous savons que certains de nos lecteurs restent sceptiques à nos arguments, et pensent toujours que le salaire reste la principale motivation pour un grand nombre de travailleurs. Il est vrai qu'un certain nombre d'emplois ne présentent pas d'intérêt propre et ne sont motivés que par la perspective d'un revenu, et il est vrai que tous ces emplois ne sont pas automatisables.

Le fait est que si l'on pense que le salaire est l'unique motivation au travail, alors on ne peut que se convaincre que le revenu de base est bien meilleur que le RSA pour encourager les gens à travailler. En effet, le RSA est rempli de défauts qui peuvent décourager une personne sans emploi d'en rechercher un. Il peut créer un effet de trappe à inactivité, dissuadant des travailleurs de reprendre un emploi.

Le RSA a remplacé le RMI en 2009 (pour comprendre comment fonctionne le RSA, voir fiche n° 8a, p. 94). L'objectif était d'encourager les allocataires à reprendre une activité rémunérée, même à temps réduit, et faiblement payée, en faisant en sorte que cette nouvelle activité accroisse toujours les revenus de l'allocataire. Mais le RSA répond de façon très imparfaite à cet objectif. D'abord, les démarches pour le toucher sont lourdes, si bien que lorsqu'on le touche, on peut craindre de le perdre si l'on accepte un emploi à temps plein, et de devoir refaire des démarches pour le récupérer une fois l'emploi terminé. En outre, de nombreux allocataires du RSA ne sont même pas au courant de ces règles et pensent que chaque revenu supplémentaire leur sera retiré de leur RSA, comme c'était le cas pour le RMI.

Depuis janvier 2016, la partie « activité » du RSA a été remplacée par la prime d'activité, mais il n'est pas dit que ce changement de terme permette aux allocataires du RSA d'y voir plus clair.

Si l'on remplace le RSA et la prime d'activité par un revenu de base, les personnes sans revenu pourront accepter une proposition d'emploi sans jamais craindre de perdre leur allocation. On supprime ainsi toute désincitation monétaire à la reprise d'une activité rémunérée. Ainsi, pour tous ceux qui pensent que la seule motivation au travail est le salaire, le revenu de base est fondamentalement meilleur que le RSA pour encourager les personnes à accepter un emploi.

Créer de l'emploi n'est pas un objectif en soi

Le revenu de base n'est donc en aucun cas un abandon de l'objectif de permettre à chacun de s'intégrer par l'emploi. Il doit permettre au plus grand nombre d'y accéder, même si l'on sait qu'il doit aussi être complété par des politiques d'accompagnement et de formation de personnes en insertion ainsi que d'un service public de transport et de garde d'enfant.

Pour autant, il faut aussi considérer la possibilité d'une diminution du volume d'emploi. On a justement abordé cette idée dans la fin de la partie précédente. Avec un revenu de base, le volume d'emploi dépend de la décision des travailleurs de se faire rémunérer ou pas pour leur travail. Cela conduit à changer totalement la façon dont on envisage la question du volume d'emploi.

Du fait du problème persistant du chômage, nous sommes coincés dans un paradigme intellectuel dans lequel il faut à tout prix créer de l'emploi, pour pouvoir en « attribuer » un à tout le monde. Or, créer de l'emploi n'est pas un but en soi. Avec le revenu de base, le raisonnement change : chacun touche un revenu et chacun s'intègre par son travail dans la société, qu'il choisisse de se faire rémunérer ou non pour son travail. L'objectif de créer des emplois pour en attribuer à tous n'a donc plus de sens, dès lors que le volume d'emploi est le résultat du choix libre des travailleurs de se faire rémunérer ou non pour leur travail.

Partant de là, il faut changer la façon dont on perçoit et dont on mesure l'emploi et le chômage. Créer de l'emploi ne peut plus être un objectif en soi. S'assurer que chacun ait un travail par lequel il s'intègre et dans lequel il est épanoui en est un. Au lieu d'avoir les yeux braqués sur les chiffres du chômage, il faut construire des indicateurs d'intégration et de bonheur dans le travail. On change alors de paradigme économique et politique, et on verra les conséquences de ce changement de paradigme dans les chapitres 11 et 12 (pages 129 et 135).

Quoi qu'il en soit, la possibilité d'une réduction historique du volume d'emploi invite à considérer que notre système de protection sociale peut jouer un rôle pour favoriser leur meilleure répartition. Nous allons maintenant nous intéresser à la nécessaire évolution de notre système de protection sociale.

Fiche n° 8a :
Comment fonctionne le RSA ?

Le revenu de solidarité active (RSA) est une allocation ciblée sur les personnes avec peu ou pas de revenu. Il a remplacé le revenu minimum d'insertion (RMI) en 2009 avec deux objectifs : encourager les personnes sans revenu à accepter un emploi, même s'il ne s'agit que de quelques heures (supprimer ce que l'on appelle la trappe à inactivité), et apporter un complément de revenu aux travailleurs pauvres. Il fallait faire en sorte que chaque heure supplémentaire dans un emploi accrût le revenu, afin de supprimer cette trappe à inactivité. En effet, avec le RMI, tout supplément de salaire était déduit de l'allocation versée : si j'avais un emploi qui me procurait 100 € de salaire net dans le mois, mon RMI était diminué de 100 €. Au contraire, le RSA est une allocation dégressive : si j'ai un emploi qui me procure 100 € net par mois, mon RSA n'est diminué que de 38 € par rapport au niveau socle que je touche lorsque je n'ai aucun revenu. Ainsi devait-on encourager les allocataires du RSA à accepter tout emploi, même à temps très partiel.

Techniquement, on différencie RSA socle (ou de base) et RSA activité (ou chapeau), remplacé par la prime d'activité depuis janvier 2016. Comme le montre le schéma, le RSA socle est le montant versé pour permettre à l'allocataire d'atteindre le socle minimum de revenu. Il est l'équivalent à l'ancien RMI. Le RSA activité est le montant versé aux allocataires ayant des revenus d'activité et qui permet au RSA d'être une allocation dégressive et non différentielle. Mais cette division est essentiellement technique et l'on peut considérer le RSA comme un tout.

FONCTIONNEMENT DU RSA ET DE LA PRIME D'ACTIVITÉ

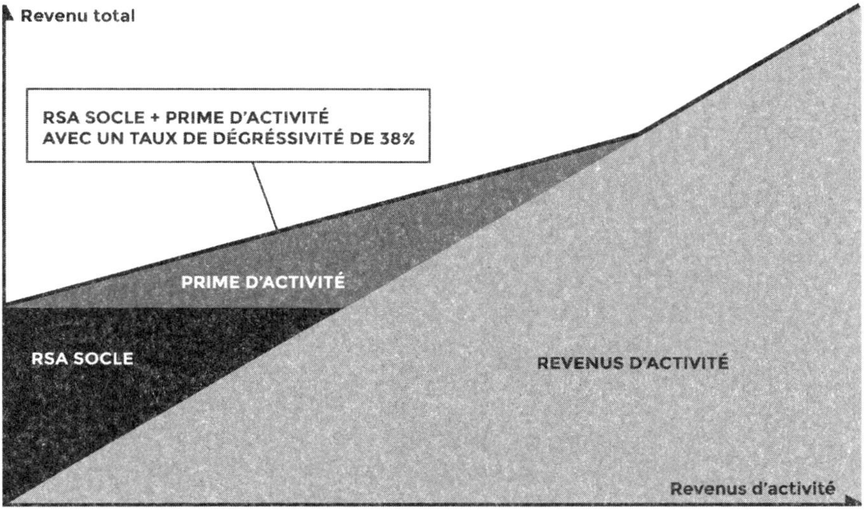

Fiche n° 8b :
Comment l'inconditionnalité change-t-elle la relation entre le chercheur d'emploi et le conseiller emploi ?

Le contrôle pour vérifier les allocataires actuels du RSA est non seulement coûteux, mais inutile et peut même s'avérer contre-productif. Il est, bien entendu, coûteux en temps mobilisé pour les démarches administratives, tant pour l'allocataire que pour les services de l'État. Mais c'est probablement sur la relation entre l'allocataire et son conseiller que le coût du contrôle pèse le plus, et ainsi sur l'efficacité de l'accompagnement de l'allocataire.

En effet, le professionnel chargé d'accompagner l'allocataire dans ses démarches d'intégration professionnelle (qu'il soit embauché par Pôle Emploi, la Mission Locale pour l'Emploi, l'Aide Sociale Départementale ou le Centre Communal d'Action Sociale), a deux missions qui peuvent être en contradiction. La première est d'aider l'allocataire dans son intégration professionnelle et sociale, la seconde est de contrôler, de vérifier que l'allocataire réalise bien les « efforts » nécessaires à son insertion professionnelle, et de le sanctionner au cas où il n'effectuerait pas les démarches exigées.

Cette deuxième mission biaise forcément la première. En effet, l'allocataire aura toujours le sentiment d'être jugé dans ses démarches et pourrait être amené à mentir sur ses efforts pour ne pas risquer de perdre son RSA. Et ce, d'autant plus que rien ne dit que les démarches exigées correspondent effectivement au parcours d'insertion le plus valorisant pour l'allocataire. À son tour, le conseiller risque d'être amené à suspecter l'allocataire de mensonge ou de dissimulation. Ainsi, la mission de contrôle risque d'introduire de la méfiance dans la relation entre l'allocataire et son conseiller et entraver la mission d'accompagnement. La confiance est d'autant plus primordiale lorsque les allocataires sont déjà plus ou moins marginalisés, et que le travailleur social est parfois le dernier lien entre allocataire et services publics.

Avec un revenu de base inconditionnel, le professionnel chargé de l'accompagnement des personnes en recherche d'emploi n'aura plus pour mission de les sanctionner si elles ne suivent pas ses préconisations. Et ça, la personne en recherche d'un emploi le saura. Il pourra alors se construire une réelle relation de confiance qui permettra au professionnel d'accompagner beaucoup plus efficacement le travailleur dans sa démarche d'insertion. Ajoutons en outre que le conseiller n'aura plus à perdre de temps à instruire de dossier de RSA, ce qui libérera du temps pour le travail beaucoup plus précieux de conseil et d'accompagnement.

Fiche n° 8c :
Les compétences que l'on acquiert dans le bénévolat : un témoignage de Camille Lambert, bénévole au MFRB

Au sein du MFRB, j'ai coordonné avec d'autres adhérents l'organisation de la première université d'été sur le revenu de base en août 2014 à Coulounieix-Chamiers. J'ai aussi été en charge de l'animation du réseau des groupes locaux et du cercle communication du MFRB. Je travaille par ailleurs à l'accueil des nouveaux adhérents et à leur intégration dans l'association, ainsi qu'à un projet de formation notamment à destination des nouveaux adhérents. Enfin, je suis aussi impliquée dans le développement interne du MFRB en étant en charge de l'accueil de services civiques (constitution du dossier de demande d'agrément, tutorat des volontaires au quotidien, etc.) et de la levée de fonds.

Les compétences que j'ai pu acquérir grâce à mon engagement bénévole au sein du MFRB sont nombreuses et multiples. Ayant fait des études d'ingénierie de projets, j'ai tout d'abord pu mettre en application ma formation et compléter mes acquis théoriques par une expérience concrète au quotidien. J'ai pu me former à la facilitation (animation de réunion), au *community management* (animation des réseaux sociaux), à de nombreux outils numériques, à la rédaction d'articles et aux relations presse, à la levée de fonds, à des méthodes de gouvernance agiles (sociocratie, holacratie), à des outils d'éducation populaire ou encore à la prise de décision par consensus/consentement.

C'est la coordination de la première université d'été sur le revenu de base qui a particulièrement développé mes compétences en gestion de projets : élaboration d'un programme en adéquation avec les envies des adhérents et les possibilités matérielles, coordination d'une équipe de 50 bénévoles, relation avec les intervenants et avec les structures qui nous ont accueillis (mairie, lycée agricole), gestion logistique de l'événement, organisation d'animations, communication nationale et locale autour de l'événement, mobilisation des réseaux locaux, gestion des bénévoles et du programme sur place ou encore coordination des différents référents en charge d'un aspect particulier de l'événement.

Au-delà des compétences techniques que j'ai pu apprendre ou développer au sein du MFRB, ce sont aussi les relations humaines et le fonctionnement inclusif de l'association qui m'ont donné l'occasion de me développer personnellement. Apprendre à travailler avec des personnes qui ont un avis différent du sien, collaborer sur un article mais aussi sur un document « sensible » autour de la stratégie du mouvement, prendre des décisions avec 20 personnes au consensus, écouter le point de vue de chacun sans y mettre ses propres jugements ou avis, pratiquer la communication non-violente et accueillir le positionnement de l'autre…

Mais aussi l'interaction quotidienne entre les adhérents, que ce soit lors d'une réunion en ligne (parfois plus de trois par semaine), de l'accueil personnalisé d'un nouvel adhérent ou au détour d'un document ; les relations poussées avec certains membres avec qui l'on travaille quotidiennement, tout autant que les premières rencontres avec un nouvel adhérent pour lui présenter le fonctionnement de l'association et réfléchir aux meilleures façons de l'y intégrer…

C'est enfin une *posture* que j'ai pu acquérir grâce à mon engagement au MFRB et à mes divers apprentissages : une posture d'écoute, de collaboration, de bienveillance, pour travailler aussi nombreux que possible à l'avènement d'une société avec revenu de base, que nous appelons de tout cœur et qui nous donne l'énergie de nous mobiliser aussi intensément de façon bénévole.

Partie 3 :

Pour une protection sociale émancipatrice

Chapitre 9
Le pilier manquant de la protection sociale

La protection sociale s'est historiquement construite autour du salariat (fiche n° 9a, p. 110), et la plupart des droits sont attachés au statut de salarié et ouverts par la cotisation. Les cotisations sont payées sur le salaire et ouvrent des droits au chômage, à la retraite, à l'assurance maladie, à la formation professionnelle, etc. Les travailleurs indépendants cotisent eux aussi à la retraite et à l'assurance maladie, mais ne cotisent pas au chômage et à la formation professionnelle. Jusqu'à 1988, les protections face au chômage étaient donc uniquement associées au statut de travailleur salarié.

Cependant, avec l'installation d'un chômage de masse à partir des années 1970, il est devenu nécessaire de mettre en place des mécanismes de minima sociaux pour ceux qui ne pouvaient avoir droit aux allocations-chômage faute d'avoir suffisamment cotisé ou parce qu'ils arrivaient en fin de droits. C'est ainsi que s'est mis en place le RMI en 1988, remplacé en 2008 par le RSA.

Avec la précarisation de l'emploi et la montée de l'emploi atypique – intérim, CDD, temps partiel – la montée en puissance du travail indépendant et du nouveau micro-entrepreneuriat – auto-entrepreneurs, chauffeurs de VTC, entrepreneurs du Web – le RSA est amené à jouer un rôle croissant. Mais ses nombreux défauts l'empêchent d'être suffisamment efficace.

Par ailleurs, l'éventualité d'une diminution du volume de travail rémunéré – salarié ou indépendant – invite à réfléchir à un système qui favorise la meilleure répartition des emplois, mais aussi la plus grande mobilité entre les emplois et la possibilité d'aménager des périodes en dehors de l'emploi. Il nous faut surtout penser aujourd'hui la protection sociale non plus comme simple moyen de lutte contre la précarité, mais comme outil de promotion d'une mobilité choisie.

Nous allons voir comment le revenu de base pourrait permettre de jouer, bien mieux que l'actuel RSA, ce rôle de filet de sécurité pour les travailleurs qui ne sont pas protégés par le chômage. Nous allons aussi voir comment la proposition des « droits de tirage sociaux », développés par Jean Boissonnat, Alain Supiot ou Bernard Gazier, permettrait aussi d'accroître l'autonomie et la liberté de choix des travailleurs en emploi.

Précarisation de l'emploi rémunéré et rôles de la protection sociale

Un nombre croissant de chômeurs non couverts par l'assurance chômage

Avec l'entrée dans une ère de chômage de masse dès les années 1970, ce système de protection sociale arrimé à l'emploi salarié allait s'essouffler et le nombre de ceux qui échappaient à ses mailles allait grossir. Le taux de chômage en France métropolitaine est passé de 2,9 % en 1975 à 10 % aujourd'hui[66].

Avec l'explosion du chômage de masse et de longue durée, le nombre de ceux qui ne sont même plus protégés par le système d'assurance chômage s'accroît dès les années 1980. Il devient alors nécessaire de mettre en œuvre une prestation qui jouera le rôle de filet de sécurité pour les plus exclus du marché du travail. Ce sera le revenu minimum d'insertion, le RMI, mis en œuvre en 1988 et remplacé en 2009 par le revenu de solidarité active, le RSA. Le nombre de bénéficiaires n'a fait qu'augmenter : de 422 000 allocataires du RMI en 1990, nous sommes passés à 1 691 000 allocataires du RSA socle en 2014.

66. Taux de chômage au sens du Bureau international du Travail, c'est-à-dire qui exclut une personne qui aurait travaillé ne serait-ce qu'une heure dans la semaine de référence. En outre, ce taux ne comptabilise pas les chômeurs découragés qui ont cessé de faire des recherches d'emploi.

Une précarisation croissante de l'emploi

La crise de l'emploi ne fragilise pas seulement les chômeurs de longue durée. Elle conduit aussi à une montée de l'emploi atypique qui n'a fait que progresser depuis la fin des années 1970 : diminution du nombre de CDI, temps partiel, en emploi précaire, intermittence, intérim, etc. Selon l'Observatoire des inégalités[67], 14 % des salariés étaient en emploi précaire en 2013 (contrat à durée déterminée, intérim…), contre moins de 5 % en 1984. Les temps partiels représentent 18 % de l'emploi en 2012, contre 9 % en 1975, et 28 % de ces temps partiels sont subis, ce qui signifie que le salarié préférerait travailler plus. Or, le système actuel de protection sociale ne permet plus de protéger ces travailleurs en emploi atypique. Pour une personne à temps partiel qui perd son emploi, les allocations-chômage sont faibles. De même, les intérimaires jouissent de protections fragiles, tandis que les travailleurs indépendants ne sont tout simplement pas couverts par l'assurance chômage. Quant aux intermittents du spectacle, ils sont toujours plus nombreux à ne pas pouvoir remplir leur quota d'horaire nécessaire pour toucher les indemnités : selon Pôle Emploi, 43 % seulement des intermittents auraient été indemnisés en 2010. De façon générale, sur les 5,2 millions de demandeurs d'emploi que comptait la France en 2015, la moitié seulement étaient indemnisés par l'Unédic.

La figure du travailleur précaire ne s'arrête pas à l'auto-entrepreneur et au travailleur à la tâche, à l'intermittent ou à l'intérimaire. Elle s'étend à tous les innovateurs et créateurs d'entreprise. Les nouvelles entreprises se distinguent par l'incertitude quant aux revenus qu'elles peuvent générer. Cette incertitude est particulièrement forte dans l'économie du numérique. « Le numérique crée peu de croissance – c'est la surprise de la décennie – et peu d'emplois. (…) C'est une industrie très inégalitaire, même si tout le monde peut se lancer en partant de zéro », explique Hakim El Karoui, économiste associé au cabinet Roland Berger qui a piloté le rapport sur les effets de la numérisation sur l'emploi[68].

67. Observatoire des inégalités, « La précarité de l'emploi en France », novembre 2013. http://www.inegalites.fr/spip.php ?article957

68. « Les robots vont-ils tuer la classe moyenne ? », *Le journal du dimanche*, http://www.lejdd.fr/Economie/Les-robots-vont-ils-tuer-la-classe-moyenne-696622

Le travail de plus en plus intermittent

L'automatisation et la numérisation changent radicalement la façon dont nous travaillons et produisons des richesses. Les tâches les plus routinières sont automatisées. Pour de nombreux biens et services, le travail relève moins de la production elle-même que de la conception, la communication, la recherche de partenaires et d'associés, soit toutes les étapes d'un projet qui sont proprement humaines et qui ne peuvent être automatisées.

Dès lors, l'essentiel du travail humain ne s'effectue plus en poste continu mais sur des missions locales, à des étapes particulières d'un projet. On sollicite tel travailleur sur un projet pour qu'il puisse apporter ses compétences à une étape particulière du processus, tel autre à une autre étape. On ne travaille plus sur des postes de travail, mais sur des projets ou des missions, notamment pour les professionnels du spectacle, les travailleurs du bâtiment, les bureaux d'étude, les cabinets d'ingénierie ou d'audit, les cabinets d'architecte, etc. En d'autres termes, nous sommes de plus en plus nombreux à devenir intermittents.

La montée du travail indépendant

Le développement du travail indépendant au cours de ces dernières années (Uberisation, auto-entrepreneurs…) génère de nombreuses situations sans protection par l'assurance chômage. Cette situation n'est pas près de s'améliorer dans la mesure où il est probable que le travail rémunéré devienne de plus en plus intermittent, précaire, et offrant des revenus de plus en plus aléatoires. La montée de l'intermittence, « l'ubérisation » de l'emploi et la montée du travail à la tâche, l'augmentation du nombre d'entrepreneurs et d'auto-entrepreneurs, la forte incertitude sur les revenus propres aux activités numériques : tout cela conduit à penser que les rémunérations associées au travail vont devenir de plus en plus aléatoires, et qu'il faudra construire des protections nouvelles – dissociées du travail – pour leur permettre de mieux choisir leur travail et leur mobilité plutôt que de subir la précarité.

Avec le développement du numérique, on a vu que le nombre des intermédiaires entre l'offreur d'un service et le demandeur se réduisait. Ainsi se construit un vaste marché très concurrentiel où tout le monde peut offrir des services, et notamment des services numériques, sans passer par des intermédiaires. On voit bien la conséquence dans les services de taxi, avec la concurrence qu'impose le nombre croissant de « véhicules de tourisme avec chauffeur » (VTC) aux taxis, sans autre intermédiaire qu'une plateforme numérique comme celle proposée par la compagnie Uber. Mais cette mise en relation directe d'offreurs et de demandeurs va se généraliser à un nombre croissant de services : créer un site web, acheter et vendre des objets, offrir un service de pressing à domicile, offrir une assistance numérique, vendre des photos, une bande sonore, un logo, ou même des services juridiques, comme le propose déjà la compagnie Legalstart qui souhaite devenir le « Uber des services juridiques en entreprise »[69].

Au-delà de la disparition d'un certain nombre de métiers d'intermédiaires, comme nous l'avons vu plus haut, la conséquence est surtout que les entreprises vont de plus en plus souvent externaliser ces différents services. Comme c'est déjà le cas, elles embauchent de moins en moins souvent des salariés responsables d'un service particulier et font de plus en plus souvent appel à des entreprises extérieures, et notamment des entrepreneurs individuels ayant pris le statut d'auto-entrepreneur. L'entreprise moderne fait de moins en moins appel à des travailleurs fidélisés et stabilisés à qui elle propose des emplois stables, et de plus en plus à des personnes qu'elles rémunèrent à la tâche pour une mission spécifique. Cette montée en puissance du travail à la tâche va aussi de pair avec une volonté de ne plus être responsable de la sécurité de l'emploi du travailleur. Ainsi, nombreuses sont les entreprises qui préfèrent faire appel à des auto-entrepreneurs plutôt que de signer des contrats de travail salarié, dévoyant ainsi l'esprit même de ce statut. Souvent, l'embauche d'un entrepreneur cache une vraie relation d'employeur donneur d'ordre à employé exécutant.

69. http://www.latribune.fr/technos-medias/legalstart-le-uber-francais-des-services-juridiques-aux-entreprises-489148.html

Lorsque la relation entre le prestataire de services et son client cache un lien de subordination hiérarchique, on peut parler de salariat déguisé, ce qui est illégal mais semble difficilement contrôlable.

La croissance du nombre d'auto-entrepreneurs, de travailleurs à la tâche, de VTC pour Uber, et autres travailleurs sortant du statut de salariés semble difficilement évitable. Se pose alors la question de la protection sociale de ces travailleurs. Ils ne cotisent pas au chômage et sont sujets à tous les risques auxquels le travailleur salarié était confronté au XIXe siècle, avant que ne s'institue une protection sociale assise sur l'emploi. Il devient alors nécessaire d'offrir à ces travailleurs une protection forte en dehors de toute référence à l'emploi, à la fois pour les protéger des risques sociaux multiples (maladie, chômage, retraite...), mais aussi et surtout pour leur donner les moyens de négocier équitablement l'offre de leurs services et de refuser des conditions de travail injustes. Le revenu de base est, avec l'accès universel à la formation, un des outils pour accroître la sécurité et le pouvoir de négociation des travailleurs indépendants.

Les échecs du RSA

Le RSA, mis en place en 2009 pour remplacer le RMI, aurait dû jouer ce rôle de complément de revenu pour les travailleurs pauvres, qu'il s'agisse des travailleurs en temps partiel à bas salaire ou des indépendants et lanceurs de projet qui manquent de revenu.

Mais le RSA échoue à jouer ce rôle. Parmi les travailleurs pauvres, le non-recours au RSA est colossal : selon une étude de l'ODENORE[70], 68 % des travailleurs pauvres qui ont droit au RSA activité ne le demandent pas. Les raisons sont diverses : certains ne veulent pas effectuer les démarches, jugées trop lourdes et intrusives, d'autres ne savent même pas qu'ils ont droit au RSA... Le remplacement du RSA activité par la prime

70. Comité National d'Évaluation du RSA, décembre 2011. http://www.social-sante.gouv.fr/IMG/pdf/1_Le_non-recours_au_rSa_et_ses_motifs.pdf

d'activité depuis janvier 2016 pourrait permettre de réduire le non-recours, mais pas de l'annuler.

Ajoutons que le RSA activité est recalculé tous les 3 mois à partir de la déclaration de revenus du travailleur. Celui-ci doit fournir les relevés de salaire et autres preuves de revenu des 3 derniers mois pour que la CAF puisse recalculer le montant de RSA auquel il a droit. Le recalcul donne lieu à une forte variabilité du RSA au cours du temps, et il n'est pas rare qu'il y ait des erreurs de calcul et des trop-perçus, ce qui conduit à des rappels des sommes indues par la CAF. Cette variabilité et ces erreurs renforcent l'incertitude de l'allocataire du RSA, le fragilisent alors qu'il est déjà dans une situation précaire. Elle peut même le conduire à se décourager et à ne plus accepter d'emploi pour ne pas avoir à faire à nouveau face à tous ces tracas, ou au contraire, à décider de quitter le dispositif du RSA.

Enfin, le RSA souffre de l'image stigmatisante qu'on lui accole. Certains préfèrent ne pas demander le RSA pour ne pas être considérés comme des « assistés ».

Passer d'une société de précarité subie à une société de mobilité choisie

Pour le nombre croissant de travailleurs qui ne sont pas couverts par l'assurance chômage, le RSA joue très mal son rôle et doit être remplacé par un revenu de base. Mais pour les travailleurs salariés qui sont bien protégés par l'assurance chômage, il serait aussi intéressant de pouvoir les convertir en droits de tirage sociaux. Ainsi, on pourrait passer d'une « société de précarité subie à une société de mobilité choisie » (C. Vercellone, 2013)[71].

71. Carlo Vercellone, « Capitalisme cognitif et revenu social garanti comme revenu primaire », *in* Alain Caillé et Christophe Fourel, *Sortir du capitalisme. Le scénario Gorz*, Le Bord de l'eau, 2013, p. 137-148.

La protection apportée par le revenu de base

Comme il est versé à tout le monde, le revenu de base n'est pas une prestation stigmatisante car il n'est pas associé à une situation de pauvreté, contrairement au RSA. Et c'est bien cela qui change tout. La mise en place d'un revenu de base permet de mettre entièrement fin au non-recours au RSA, mais aussi à l'insécurité de revenu des travailleurs aux revenus précaires : ces derniers peuvent compter chaque mois sur le montant du revenu de base, et ils savent toujours à quel niveau ce montant s'élève. Dans la vie de tous les jours, le revenu de base constitue ainsi un soutien efficace au plus grand nombre pour se sortir de la précarité.

Mais comme on l'a vu précédemment, le revenu de base n'est pas seulement un soutien de revenu aux personnes sans travail rémunéré ou aux travailleurs à bas salaire. Dans un contexte où l'incertitude sur les revenus est croissante, le revenu de base est ce revenu d'autonomie et le filet de sécurité qui permettra à une multiplicité de projets de ne pas mourir au premier coup dur subi par leur créateur.

Développer les droits de tirage sociaux pour les travailleurs les mieux insérés

Le revenu de base n'est pas le seul moyen d'accorder une plus grande autonomie aux travailleurs dans l'objectif de déconnecter revenu et emploi. Jean Boissonnat (1995), Alain Supiot (1999) ou Bernard Gazier ont chacun défendu l'idée de développer des droits de tirage sociaux (voir Livre 2). Un récent rapport de France Stratégie (octobre 2015) reprend l'idée de droits de tirage sociaux et propose dans un de ces scénarios qu'ils soient inclus dans le futur Compte personnel d'activité qui devrait être mis en place en 2017.

Le rapport Supiot proposait ainsi que les droits au chômage ou à la formation qu'un salarié aurait accumulés puissent être mobilisés en toute liberté par leurs titulaires, dans le cadre de droits de tirage sociaux, pour financer un projet, dès lors qu'un intérêt social le justifiait – l'intérêt social pouvant également légitimer un abondement de la provision par la collectivité ou par l'entreprise. Ces droits permettraient donc concrètement de financer le travail non marchand (activités bénévoles ou éducatives) par l'État, la sécurité sociale et les entreprises – la personne choisissant de manière libre le moment de se soustraire, à certains points de son parcours, à l'activité salariée rémunérée traditionnelle. Ces droits pourraient aussi être utilisés pour abonder le financement d'une formation.

L'idée de développer des droits de tirage sociaux est une piste possible pour faire évoluer le système de protection contre le chômage. Ces droits se différencient du revenu de base en ce qu'ils sont associés à deux conditions : une condition de cotisation, et une condition de présenter un projet qui aurait été validé par une collectivité (État, sécurité sociale, entreprise, collectivité locale ou autre). Mais ils permettent aussi le développement de formes de travail et de production de richesses – surtout non marchandes – en dehors de l'emploi.

La proposition des droits de tirage sociaux ne permet pas seulement de mieux répondre à l'intermittence croissante du travail salarié. Pour ceux qui sont les mieux insérés dans l'emploi et qui ont suffisamment cotisé, les droits de tirage sociaux accroîtraient plus que le revenu de base les marges d'autonomie pour choisir son travail, puisque le montant versé mensuellement pourrait vraisemblablement être plus élevé. Ils permettraient ainsi d'accompagner le travailleur dans l'ensemble de sa carrière professionnelle, qui pourra être entrecoupée d'années de formation, d'années de bénévolat ou d'investissement associatif, d'années pour prendre soin de sa famille ou d'un proche malade, d'années pour développer un projet marchand ou militant, etc.

Ces droits de tirage sociaux pourraient aussi encourager les travailleurs à la mobilité et favoriser le passage de la précarité subie à la mobilité choisie. Ils pourraient favoriser une plus grande rotation des travailleurs sur les différents postes d'emploi, permettant ainsi d'intégrer un plus grand nombre de travailleurs dans l'emploi. Ils pourraient aussi faciliter une réduction du temps de travail salarié tout au long de la vie, là où le revenu de base facilite la réduction du temps de travail rémunéré au cours de la semaine.

Pour une plus grande universalisation du système de protection sociale

De façon plus générale, l'augmentation du chômage de masse et de longue durée rend nécessaire une universalisation plus forte du système de protection sociale, sur l'inspiration de William Beveridge. Ainsi en 1999, le gouvernement décide de mettre en œuvre la Couverture maladie universelle (CMU) pour donner une assurance maladie à tous les exclus des assurances adossées à l'emploi. En 2015, le gouvernement a choisi de poursuivre la route vers l'universalisation des droits en mettant en œuvre la « protection universelle maladie », qui permet d'assurer une continuité des droits à tous quelle que soit leur situation professionnelle.

De même, il devient nécessaire de trouver des moyens de développer un accès plus universel à la formation professionnelle alors que celle-ci profite encore trop aux employés les plus qualifiés et exclut largement ceux qui en ont besoin, à savoir les personnes peu qualifiées et les personnes les plus éloignées de l'emploi[72].

Fiche n° 9a :
Comment le système de protection sociale français s'est historiquement construit autour du salariat

Dans *Les Métamorphoses de la question sociale* (1995), Robert Castel[73] explique comment le système de protection sociale s'est entièrement construit à partir du XIXe autour de l'emploi salarié. Au début du XIXe siècle, la situation de travailleur salarié est la pire situation sociale qui soit. Le salarié est exclu de la propriété privée et n'a que sa force de travail à vendre pour vivre. Il est sujet à tous les risques sociaux que constituent le chômage, la maladie, le handicap et la vieillesse, et sa situation est fragile. Pour mieux protéger

72. *L'Expansion*, « Qui profite le plus de la formation professionnelle ? » http://lexpansion.lexpress.fr/actualite-economique/qui-profite-le-plus-de-la-formation-professionnelle_1443057.html

73. Robert Castel, *Les métamorphoses de la question sociale*, Folio, coll. « Folio essais », 1999.

les travailleurs, il a fallu arrimer au contrat de travail les protections contre les risques de la vie (et du travail) : d'abord contre les risques de handicap liés aux accidents du travail, puis des allocations familiales, une protection contre la maladie, la mise en place d'un système de retraite, etc.

Toutes ces protections constituent ce que Robert Castel appelle une « propriété sociale » contre les risques. En effet, la propriété privée (d'une terre agricole, d'une boutique, d'un atelier) protège ceux qui en jouissent des risques associés à la maladie ou à la vieillesse, tandis que les prolétaires ne jouissent, eux, d'aucune protection. N'ayant que leur force de travail à vendre pour vivre, il est alors devenu nécessaire de construire une protection collective associée au contrat de travail : protection des salariés malades, allocation pour les victimes d'accidents du travail, sur-salaire lorsqu'ils ont des enfants, pensions pour les salariés retraités, etc. Cette protection collective est la « propriété sociale » qui protège ceux qui sont exclus de la propriété privée.

Ainsi la protection sociale s'est-elle historiquement construite autour du statut de travailleur salarié et du contrat de travail. Il aurait pu en être autrement. Si c'est l'exclusion de la propriété qui fragilise les travailleurs, on aurait pu réfléchir à des moyens de mieux répartir cette propriété privée. On aurait pu aussi, comme le proposait Thomas Paine dans son essai sur *La Justice agraire* (1795), mettre en place une taxe de 10 % sur les héritages – à cette époque essentiellement constitués de la propriété foncière – et financer avec cette taxe une dotation pour tous les jeunes arrivant à l'âge adulte et pour tous les seniors, comme compensation de leur exclusion de la terre.

Mais ce n'est pas la proposition qui sera retenue. L'élite bourgeoise qui accède au pouvoir avec la Révolution refuse de remettre en cause la propriété privée et même de la taxer. Par ailleurs, avec le développement industriel au cours du XIXe siècle, les patrons préféreront développer une protection sociale attachée à l'emploi salarié, ce qui leur permet de stabiliser et de fidéliser une main-d'œuvre parfois trop mobile.

Ainsi, quand un véritable système national de Sécurité sociale s'institutionnalise en 1945, on choisira un système d'inspiration bismarckienne où les protections sont attachées au contrat de travail et au statut de salarié. Les droits à l'assurance maladie et les droits à la retraite ne sont ouverts que par la cotisation, assise sur les salaires. Ces droits sont complétés en 1958 par l'assurance chômage.

N'est pas retenue l'idée – formulée par Beveridge en 1942 dans son *Rapport au Parlement sur la sécurité sociale* rendu au Parlement britannique – suivant laquelle il faudrait construire des prestations universelles qui ne reposent pas sur le statut de salarié mais sur celui de membre de la société. Celle-ci inspirera bien davantage les systèmes de protection sociale construits en Europe du Nord[74].

Fiche n° 9b :
En finir avec l'instrumentalisation politique de la figure de l'« assisté »

Le discours qui consiste à ostraciser les bénéficiaires des allocations-chômage ou des minima sociaux et à les faire passer pour des « assistés » ou des profiteurs du système est récurrent dans la bouche de certains politiques et certains médias. Ces discours sont souvent alimentés par des rumeurs et des mensonges qui laisseraient penser que les bénéficiaires de minima sociaux gagnent plus que les salariés au SMIC[75]. Ils occultent d'ailleurs le fait que les subventions à l'emploi représentent près de 50 milliards d'euros par an, alors que le budget du RSA est d'environ 12 milliards. Certains politiques n'hésitent pas à en faire le cheval de bataille pour attirer des voix lors d'une élection.

Or, ces discours sont néfastes sur le plan politique, social et même psychologique. Sur le plan politique, ils contribuent à alimenter les extrémismes. Sur le plan social, ces discours tendent à opposer les individus les uns contre les autres, à désigner certains citoyens comme coupables idéaux, et à entretenir un climat de méfiance mutuelle dans nos sociétés.

Enfin, sur le plan individuel, ces discours conduisent certains individus à se censurer sur leurs projets, notamment professionnels : pour ne pas avoir le sentiment de passer pour des « assistés », certains individus refuseront de solliciter une aide sociale pour tirer une autonomie nécessaire pour mener un projet à bien, quand bien même leur projet pourrait être tout à fait bénéfique

74. Gosta Esping-Andersen, *Les trois mondes de l'État-providence : essai sur le capitalisme moderne*, 1990.
75. Voir Léon Régent et Jean-Éric Hyafil, « Mensonges et vérités sur l'aide sociale », août 2013, http://revenudebase.info/2013/08/29/mensonges-et-verites-aide-sociale-rsa/

pour la communauté. On peut donc dire que ce genre de discours est vecteur de gâchis social et humain.

Le revenu de base est versé à tous, et non uniquement aux plus pauvres. Il n'est pas une prestation stigmatisante associée au statut de « pauvre », mais une prestation universelle qui traduit une reconnaissance comme membre de la communauté. Il devrait ainsi permettre de mettre fin aux discours ostracisant opposant les « travailleurs » aux « assistés », et ainsi cesser d'alimenter leurs conséquences politiques, sociales et individuelles néfastes.

Chapitre 10
Un nouveau droit émancipateur

Le revenu de base est fondamentalement un droit émancipateur. Il est, on l'a vu, un droit émancipateur pour le travailleur dans la mesure où il lui permet d'avoir plus de choix et de prise sur son travail. Mais il est aussi un droit émancipateur pour le citoyen dans la mesure où il donne à chacun une autonomie supérieure pour construire sa place dans la cité. Il est surtout un droit émancipateur pour les femmes et pour les jeunes et permet à ce titre d'améliorer fortement le système socio-fiscal actuel, comme nous allons le montrer ici.

Un outil d'émancipation pour les femmes

Certains féministes s'opposent au revenu de base au nom de l'idée suivant laquelle il s'agirait d'un salaire maternel, un revenu dont l'objectif est de renvoyer les femmes au foyer. Ce faisant, ils font une erreur fondamentale : bien au contraire, le revenu de base rend les femmes bien plus autonomes que certaines d'entre elles le sont aujourd'hui.

Pour comprendre cela, il faut commencer par expliquer le fonctionnement du système socio-fiscal actuel. Ce système est familialisé, ce qui signifie que les prestations auxquelles on a droit, tout comme l'impôt, sont calculées au niveau du ménage, ce qui a de nombreuses conséquences négatives.

Le problème de la conjugalisation du RSA

La familialisation du RSA se traduit par le fait que l'État distribue un RSA couple pour les personnes en couple, RSA couple qui est égal à 1,5 fois le RSA pour une personne seule. La première conséquence négative est, bien entendu, de décourager les personnes au RSA de se mettre en couple. Mais la seconde est particulièrement préjudiciable : le RSA couple est versé au « chef de famille », c'est-à-dire souvent à l'homme. La femme reste ainsi dépendante de son conjoint pour ses revenus.

Le revenu de base pour sa part est distribué de façon individuelle, si bien qu'il ne diminue pas les revenus d'une personne modeste quand elle se met en couple. Mais surtout, il est distribué à chacun des individus dans le couple, garantissant ainsi l'autonomie de chacun.

Le problème de la conjugalisation de l'impôt

La conjugalisation de l'impôt sur le revenu crée des problèmes similaires chez les couples aisés redevables de l'impôt. Non seulement le quotient conjugal est très inégalitaire puisqu'il favorise les couples très aisés (voir fiche n° 10a, p. 123), mais en plus, il réduit l'autonomie de la personne sans revenu dans le couple, qui est encore trop souvent la femme. En effet, le quotient conjugal conduit à une baisse de l'impôt pour la personne avec un revenu élevé, celle-ci étant supposée subvenir aux besoins de sa conjointe ou de son conjoint. La personne sans revenu – souvent la femme – est alors entièrement dépendante de son conjoint, à qui elle doit demander « son argent de poche ». Il devient dès lors d'autant plus difficile de s'émanciper d'un conjoint, si celui-ci, par exemple, s'avère violent, quand il est notre seule source de revenus et que l'on n'ose pas demander de l'aide ailleurs.

En outre, il suffit que la personne avec un haut revenu – souvent le mari – atteigne des tranches élevées de l'impôt sur le revenu pour qu'il cherche à décourager son ou sa conjoint(e) de chercher un emploi. En effet, à quoi bon ajouter un salaire supplémentaire si celui-ci sera imposé à 45 % ? pourrait-il penser. Ainsi le quotient conjugal est-il un outil qui réduit l'autonomie de la personne sans revenu dans les couples, c'est-à-dire principalement des femmes.

La mise en place du revenu de base universel et individuel peut aller de pair avec une individualisation plus forte de l'impôt sur le revenu, voire une individualisation totale suivant le choix de financement retenu (voir Livre 2). Pour notre couple où Monsieur a des revenus élevés tandis que Madame n'en a aucun, cela signifie la chose suivante : Monsieur ne recevra plus de réduction d'impôt (ou une réduction beaucoup plus faible si le quotient conjugal est maintenu) ; Madame, quant à elle, recevra directement un revenu de base. Elle n'aura donc plus à demander son « argent de poche » à Monsieur, ce qui lui fait gagner fortement en autonomie. Elle pourra ainsi beaucoup plus facilement quitter Monsieur si celui-ci est violent, sans avoir à passer par les services sociaux pour demander le RSA. Elle pourra aussi décider de prendre un emploi sans avoir à demander à Monsieur les conséquences sur l'impôt sur le revenu de ce dernier.

Ainsi le revenu de base n'accroît-il pas seulement l'autonomie des travailleurs mais aussi des conjoints et des citoyens dans leur ensemble. À ce titre, on peut réellement parler de la nécessité de ce nouveau droit universel, d'un droit qui accroît la dignité de chacun.

Un gain d'autonomie pour les jeunes

C'est certainement pour les jeunes que le gain en autonomie permis par le revenu de base est le plus puissant. Il permet d'abord de substituer un principe émancipateur à un système actuellement encore trop paternaliste. Mais le revenu de base permet surtout aux jeunes d'aborder de façon bien plus optimiste et sereine l'éducation, l'intégration sociale et professionnelle ainsi que la parentalité.

Quelles aides perçoivent les jeunes aujourd'hui ?

Aujourd'hui, notre système socio-fiscal est particulièrement peu généreux pour les jeunes. Ils n'ont pas droit au RSA jusqu'à 25 ans, sauf rares exceptions. Et ils peuvent solliciter des bourses étudiantes sous condition de ressource des parents, et à condition, bien entendu, de suivre un cursus scolaire et d'y être assidus. Cela conduit certains étudiants à s'inscrire dans des cursus scolaires et à être assidus en cours uniquement pour toucher la bourse étudiante, démontrant encore une fois l'absurdité de la conditionnalité. Il peut enfin demander les aides au logement s'il ne vit pas chez ses parents.

Lorsqu'un jeune souhaite s'intégrer autrement que par les études dans le monde du travail, que ce soit par un emploi ou par des actions bénévoles, il reçoit rarement de l'aide en dehors de certains dispositifs ciblés qui nécessitent de nombreuses démarches (service civique, contrats aidés) : pour l'État, il faut entrer dans une case pour avoir droit à une prestation quand on est jeune.

En outre, l'aide est souvent apportée aux parents plutôt qu'aux enfants, sous forme de réductions fiscales lorsque l'on a un enfant étudiant. Le système actuel entretient donc une logique paternaliste où le jeune est tenu de demander l'assistance financière à ses parents, plutôt qu'une logique émancipatrice. Ajoutons que ces réductions fiscales bénéficient plus aux ménages aisés qu'aux ménages modestes, puisqu'elles ne profitent qu'à la moitié de ménages qui paient de l'impôt sur le revenu.

Remarquons enfin que la formation continue – ainsi que les dispositifs permettant de soutenir le revenu durant ces périodes – est encore trop peu développée en France, notamment pour les travailleurs peu qualifiés. La pression à faire des études jeunes plutôt que d'aborder autrement l'insertion professionnelle en est ainsi accrue.

L'intérêt du revenu de base dès 18 ans

Le revenu de base permettra aux jeunes d'acquérir une autonomie accrue et d'aborder différemment leur intégration sociale et professionnelle. Il permettra aux jeunes d'assumer des choix plus personnels : choisir de faire ou non des études ; choisir sa filière, en pleine conscience et par goût, et non plus pour « servir » le marché de l'emploi (surtout au vu des mutations accélérées du marché du travail qui rendent la formation initiale rapidement obsolète) ; choisir de différer ses études, un rythme de vie plus personnel, moins cadré sur le rythme étude/emploi/retraite, plus souple en fonction des aspirations et des situations familiales ; choisir de multiplier les expériences (études puis voyages, puis emploi, puis bénévolat ou tout à la fois, à temps partiel ou en alternance).

Cette prise d'autonomie de la jeunesse aura aussi pour vertu de revaloriser le statut des étudiants et des apprentis, qui devient un statut actif, choisi et assumé par l'individu. Le revenu de base améliorera aussi le pouvoir de négociation lors de la réalisation de stages, trop souvent sans fin et mal rémunérés.

Le revenu de base simplifiera aussi le rapport entre un jeune et ses parents, en rendant chacun moins dépendant de l'autre. Il donnera accès aux études à tous ceux qui le souhaitent, même en cas de désaccord de leur famille. Les parents percevant un revenu de base, les enfants ne se sentiront plus obligés de ramener au plus vite un salaire au foyer, pour ne pas trop coûter à leurs parents. Les jeunes pourront aussi prendre le temps de trouver leur voie, leurs parents n'ayant plus à assumer le coût de longues études ou de changements d'orientation. Enfin, certains jeunes, maltraités dans un milieu dangereux ou toxique, pourront quitter plus vite leur foyer.

Par ailleurs, un développement des possibilités de se former au cours de la vie, que ce soit grâce au revenu de base ou grâce au développement des droits à la formation, réduira la nécessité pour les jeunes de se former à un métier dès leur sortie du système scolaire. Les travailleurs oseront arrêter un emploi pour se lancer dans une formation professionnelle pour laquelle ils ne se sentaient pas prêts à l'adolescence. La plus grande souplesse des parcours améliorera l'offre générale de formation, puisque les étudiants – jeunes ou plus âgés – feront des études par choix, et non « parce qu'il faut faire des études ».

Un rapport nouveau à la reconnaissance sociale

Mais pour les jeunes, l'apport du revenu de base va au-delà d'une autonomie accrue et d'une liberté plus grande pour aborder la phase de l'intégration professionnelle. Elle se trouve aussi dans la possibilité que le rapport à la réussite et à la reconnaissance sociales puisse changer dans une société avec revenu de base.

Notre société actuelle nous exhorte à la « réussite sociale », qui est trop souvent synonyme de « réussite professionnelle », ou dit autrement d'avoir un métier stable et bien rémunéré. La réussite professionnelle et surtout pécuniaire est survalorisée autant par la publicité que par l'industrie cinématographique, sportive ou musicale ou par le monde politique. Elle est peut-être aussi le pendant de l'insécurité financière et de la pauvreté encore prégnante dans nos sociétés : l'injonction à la réussite pécuniaire serait peut-être moins forte dans une société où le risque de tomber dans la pauvreté est réduit.

Or, cette injonction à la « réussite professionnelle et pécuniaire » peut être lourde de conséquences pour les jeunes. Notre jeunesse souffre certainement de la peur de manquer son intégration sociale, la peur de ne pas trouver un emploi stable et rémunérateur, la peur du déclassement. Cette peur est lourde de conséquences dès le plus jeune âge, notamment dans le rapport des enfants à l'école. Dès le plus jeune âge, les enfants ont peur de l'échec – et notamment de l'échec scolaire –, peur souvent entretenue par des parents qui s'inquiètent à juste raison de l'avenir de leurs enfants. Actuellement, les parents sont soumis à une forte pression de la part de la société qui les estime responsables de la « réussite sociale » et de l'« employabilité » de leur enfant. En cherchant à « protéger » leur enfant d'un avenir incertain et précaire, les parents sont souvent amenés à censurer leurs enfants, en les canalisant vers des choix de vie considérés comme moins risqués. En projetant leur peur de l'avenir sur leur enfant, ils risquent de ne pas lui apprendre la confiance en lui-même et en sa capacité de trouver des ressources intérieures comme extérieures. En outre, cette peur entretient souvent un rapport consumériste à l'éducation : l'école se réduirait au moyen d'avoir un métier rémunérateur pour plus tard.

Cette injonction à la réussite scolaire, professionnelle et pécuniaire a évidemment un pendant : l'échec et ses conséquences sociales désastreuses. Plus que la pauvreté, l'échec et le décrochage scolaire sont l'une des premières causes de la délinquance ou des comportements déviants. Certaines jeunes filles, désemparées par la pression de l'orientation et la situation économique, quittent les études pour s'intégrer dans un rôle de mère qui leur apporte une reconnaissance sociétale et financière.

Le revenu de base pourrait être un moteur de transformation dans l'attitude vis-à-vis de la réussite scolaire et professionnelle, d'abord parce qu'il sécurise financièrement les individus dans leur parcours. Avec un revenu de base, l'échec scolaire devient moins « grave » et moins angoissant, surtout si l'on a la possibilité de repousser ses études à plus tard.

Mais le revenu de base, c'est aussi l'espoir d'une société où la reconnaissance sociale ne passe pas uniquement par la réussite matérielle, mais peut passer aussi par la réussite dans d'autres projets, et notamment des initiatives sociales, sportives, artistiques ou citoyennes. C'est surtout l'espoir d'une société où l'échec est accepté.

Les conséquences associées à l'échec en seront beaucoup moins dramatiques, car il sera toujours donné au jeune une multitude de possibilités pour « rebondir ». La délinquance pourrait perdre de son attractivité pour les jeunes non pas seulement parce qu'ils auraient d'autres sources de revenu, mais surtout parce qu'avec la multiplication des activités et des initiatives – notamment non marchandes – permises par le revenu de base, ils auront d'autant plus d'occasions de démontrer qu'ils ne sont pas condamnés à l'échec et de recevoir une reconnaissance sociale.

Les adolescentes auront aussi moins de risque de trouver dans la parentalité le moyen de trouver une reconnaissance sociale qu'elles n'obtiennent ni dans le monde scolaire, ni dans le monde professionnel. À l'inverse, les adultes, sécurisés par leur revenu de base, pourront faire le choix d'avoir des enfants, libérés de la pression financière et de l'autocensure tant que leur situation professionnelle n'est pas stabilisée.

On peut aussi s'attendre à des conséquences positives sur l'éducation parentale. Sachant que leur enfant recevra tout au long de sa vie un revenu de base, les parents projetteront moins leur peur du lendemain sur leur enfant, à l'abri du pire, et ils pourront consacrer leur énergie à l'accompagner dans la découverte de ses talents et ses aspirations. Ils auront plus de temps pour accompagner leur enfant sur le chemin de la responsabilisation et de la citoyenneté, et ne s'épuiseront plus à les sécuriser financièrement. Les enfants auront aussi moins de crainte de décevoir leurs parents car ils n'ont plus les mêmes attentes vis-à-vis des « succès » scolaires qui visent à s'intégrer au marché du travail. On ne se sent pas aimé pour ses résultats scolaires, mais pour soi-même.

Enfin le rapport à l'éducation scolaire et universitaire devrait lui aussi être transformé. Les filières d'études seront moins choisies parce qu'elles accroissent « l'employabilité » ou permettent d'accéder à des métiers rémunérateurs. Plutôt que d'être dans la démarche de se former pour trouver « une place » dans la société, le jeune choisira de se former pour inventer « sa place ».

Ce changement influencera aussi la pédagogie en donnant plus de sens aux compétences qu'aux savoirs purs (la mémorisation est utile en tant que compétence mais Internet a permis d'externaliser la conservation des savoirs). Ainsi, l'esprit critique, la créativité ainsi que l'autonomie et la coopération seront valorisés et permettront aux jeunes de s'adapter. La formation tout au long de la vie leur servira d'ajustement au marché du travail, à leur rythme, à leurs projets. Nous vivrons une amélioration du niveau culturel de la société par des choix d'étude moins « intéressés » par leur attractivité financière, et plus selon les goûts et aspirations (artistique, social, littéraire, créatif...).

Fiche n° 10a : L'effet du quotient conjugal sur l'impôt sur le revenu des couples

La conjugalisation de l'impôt – ou l'existence du quotient conjugal – est le principe suivant lequel, pour le calcul de l'impôt sur le revenu, on fait comme si les revenus du couple étaient partagés uniformément entre les deux conjoints, avant d'y appliquer le barème progressif de l'impôt sur le revenu. Par exemple, si Madame gagne 50 000 € par an tandis que Monsieur gagne 0 €, on fait comme si chacun gagnait 25 000 €, et on applique à ces 25 000 € le barème progressif, avant de multiplier le résultat par deux.

Le quotient conjugal avantage les couples qui ont des revenus très dissymétriques, dans la mesure où cela permet d'atteindre moins vite des tranches plus élevées de l'impôt sur le revenu. Mais c'est surtout les plus riches d'entre ces couples que le quotient conjugal avantage. En effet, la réduction d'impôt permise par le quotient conjugal est d'autant plus élevée que les revenus du/de la "bread-winner" dans le couple sont élevés.

Le tableau ci-dessous nous donne le montant de la réduction annuelle d'impôt associée au quotient conjugal en fonction du revenu imposable de la personne qui gagne le plus dans le couple, lorsque sa ou son conjoint(e) n'a aucun revenu.

Avantage fiscal procuré par le quotient conjugal (selon le barème de 2015)

Revenu imposé de l'individu 1	Impôt sur le revenu s'il vit seul (A)	Impôt sur le revenu en se mettant en couple avec une personne sans revenu (B)	Avantage associé au quotient conjugal (par an) (A) - (B) :	Avantage associé au quotient conjugal (par mois)
10 000 €	43 €	0 €	43 €	3,60 €
20 000 €	1 443 €	87 €	1 357 €	113,10 €
40 000 €	6 361 €	2 887 €	3 474 €	289,50 €
80 000 €	19 268 €	12 722 €	6 546 €	545,50 €
160 000 €	52 390 €	38 536 €	13 854 €	1 164,50 €
320 000 €	124 390 €	104 780 €	19 610 €	1 634,20 €
1 000 000 €	430 390 €	410 780 €	19 610 €	1 634,20 €

Fiche n° 10b : Résidence, nationalité… sur quels critères verser le revenu de base ?

À qui verse-t-on le revenu de base et sur quels critères ? Un critère de résidence ? Un critère de citoyenneté ?

La question peut faire débat. Nous estimons que les critères actuels de versement du RSA peuvent constituer une bonne base. Pour le RSA, c'est le critère de résidence qui est retenu. Ainsi les étrangers ont aujourd'hui droit au RSA s'ils justifient d'une résidence légale sur le territoire. Pour les ressortissants de l'Union européenne, il faut avoir un droit de séjour en France et y avoir vécu plus de 3 mois, si bien qu'un Européen résidant en France uniquement pour chercher un emploi n'a pas droit au RSA. Pour les ressortissants d'autres pays, il faut justifier d'une résidence légale depuis au moins 5 ans, ou être reconnu réfugié ou apatride[76]. Ainsi, compte tenu de ces dispositions assez restrictives, il est assez peu probable que la mise en place d'un revenu de base en France conduise à attirer une masse d'étrangers venus chercher le revenu de base.

En outre, il faut aujourd'hui avoir « résidence stable et effective » en France pour toucher le RSA, c'est-à-dire ne pas vivre plus de 3 mois par an à l'étranger. Si l'on choisit les mêmes règles, le revenu de base ne pourra être maintenu pour un expatrié.

Évidemment, l'idéal serait d'avoir un revenu de base véritablement universel, touché par tous quel que soit son lieu de résidence. Mais cela semble difficilement envisageable à court terme, à moins de mettre en place un revenu de base mondial…

76. Voir https://www.service-public.fr/particuliers/vosdroits/F24637

Partie 4

Changer le paradigme économique pour changer l'agenda politique

Chapitre 11
Pour que la croissance économique ne soit plus la priorité politique

Retrouver la croissance économique pour réduire le chômage : voici l'obsession des politiques depuis quarante ans. La croissance est vue comme le seul moyen de résoudre nos problèmes économiques et sociaux. Si bien que toutes les autres problématiques passent au second plan : la protection de l'environnement et la réduction de notre empreinte écologique, à commencer par les émissions de gaz à effet de serre, la protection de notre santé, la protection de nos enfants des sirènes de la société de consommation, etc. Toutes ces considérations sont mises au second plan, toute proposition de régulation qui permettrait de réduire les dégâts écologiques, sanitaires ou sociaux de notre production est rejetée dès lors qu'elle risquerait de ralentir notre croissance ou de menacer l'emploi. On a même construit le concept de « croissance verte » – qui ressemble à un oxymore – comme pour mieux exprimer le fait que la réduction de notre impact écologique ne doit pas menacer la sacro-sainte croissance.

Et pourtant, on sait que dans nos économies développées, la croissance n'accroît plus le bien-être. Cela a déjà été mis en évidence dès 1974 par l'économiste Richard Easterlin. Et l'on sait aussi que la réduction de notre impact écologique devient une question de survie pour l'humanité.

Mettons en garde nos lecteurs. Il ne s'agit absolument pas de dire que créer de nouveaux emplois est néfaste pour l'environnement ou la santé, ce qui serait une caricature de nos propos. Certes, la croissance économique a souvent tendance à accroître notre empreinte écologique en même temps qu'elle crée des emplois, mais il ne faudrait surtout pas en déduire l'absurdité suivant laquelle il faudrait réduire le volume d'emploi pour réduire notre impact écologique. Au contraire, de nombreuses études montrent que les investissements nécessaires pour la transition écologique vont nécessiter beaucoup de travail et créer beaucoup d'emplois : isolation des bâtiments, investissement dans les énergies renouvelables, dans les transports écologiques et les transports en commun, développement de l'agriculture écologique et de l'agriculture de proximité, etc.[77].

Mais comme nous l'avons vu précédemment, le revenu de base permet d'inverser l'ordre des priorités : le gain en autonomie pour le travailleur devient prioritaire devant la recherche du plein emploi par la croissance. Ceci n'est pas sans conséquence sur la politique économique. Dès lors qu'un revenu est assuré à chacun, qu'il ait ou non une activité rémunérée, la recherche à tout prix de la croissance pour réduire le chômage n'est plus une priorité politique. Il devient alors possible de mettre en œuvre les politiques de protection de l'environnement, de réduction des émissions de gaz à effet de serre, de prévention de la santé ou encore de protection des enfants face aux sirènes de la consommation sans se préoccuper des éventuelles conséquences négatives – réelles ou fantasmées – sur la croissance économique et sur l'emploi. Pour reprendre l'expression de Tim Jackson[78], un revenu de base permettrait de garder la prospérité, même sans croissance.

77. Voir par exemple le rapport de Philippe Quirion, économiste au CIRED, paru en 2013 : http://www.negawatt.org/telechargement/Etude%20eco/Etude_P.Quirion_Emplois%20et%20scenario%20negaWatt_28-03-2013.pdf

78. Tim Jackson, *Prospérité sans croissance : la transition vers une économie durable*, 2010.

Fiche n° 11a :
Le revenu de base procure à chacun des marges de manœuvre plus grandes pour affronter la transition écologique

Pour réduire nos émissions de gaz à effet de serre, il va devenir indispensable d'accroître le coût de la pollution, par exemple, par une taxe carbone bien plus élevée qu'elle ne l'est actuellement. Bien entendu, la taxe carbone va accroître le prix du transport en voiture à carburant pour un grand nombre de travailleurs. Pour ceux qui vivent loin du lieu où ils travaillent et doivent faire de grandes distances en voiture chaque jour, s'offrent plusieurs solutions : transports collectifs, covoiturage, vélos, voitures moins polluantes, etc. Investir pour renforcer le réseau de transports collectifs et les modes de transport moins polluants est ainsi fondamental.

Cependant, cela pourrait ne pas suffire pour réduire le coût en temps ou en argent de certains trajets. D'autres solutions peuvent alors s'offrir au travailleur : emménager plus près de son emploi, privilégier le télétravail pour aller moins souvent au bureau, ou chercher un travail plus proche de chez lui, quitte à ce que celui-ci soit un peu moins rémunérateur, ce qui permettrait d'ailleurs de redynamiser les activités économiques en dehors des grandes métropoles. Le revenu de base ne permet pas de réduire le coût de ces transports, mais il offre plus de marges de manœuvre au travailleur pour affronter ces choix. Ainsi, il accroît pour le plus grand nombre de travailleurs les marges de manœuvre pour faire sa transition écologique.

D'ailleurs, le revenu de base permet d'accroître les marges de manœuvre pour mieux répondre à une multitude d'autres contraintes liées à la transition écologique : il peut permettre à l'un de prendre du temps pour améliorer lui-même l'isolation thermique de sa maison, à un autre de se lancer dans une activité d'agriculture biologique de proximité, à un autre de créer une ressourcerie où l'on pourra réparer et/ou revendre ses vieux biens d'équipement (meubles, électroménager, vélos...) pour leur donner une seconde vie, etc.

Fiche n° 11b :
Croissance, décroissance, crise, récession :
éclaircir certains concepts

Certains lecteurs pourraient soulever des contradictions dans cet ouvrage au sujet des questions associées à la croissance économique. Ici, l'ouvrage nous dit que la croissance ne doit plus être la priorité, surtout si l'on veut pouvoir répondre aux enjeux environnementaux et climatiques. Là, on trouvera qu'il est nécessaire de retrouver la croissance dans les pays en crise. Il nous faut préciser les concepts de croissance, de décroissance et de récession pour donner les moyens au lecteur de mieux comprendre.

La croissance économique se définit d'abord par l'augmentation du PIB, le PIB mesurant la somme des productions des richesses faisant l'objet d'une transaction monétisée dans une année. Le PIB ne fait que mesurer les échanges économiques, mais il n'est pas un indicateur du bien-être de la population dans la mesure où toutes les activités bénévoles ne sont pas prises en compte, alors que les dépenses dites défensives, c'est-à-dire qui traduisent une forme de mal-être social, accroissent le PIB (dépenses de sécurité privée, consommation d'antidépresseurs, travaux de déconstruction suite à un incendie ou tout autre drame, etc.). Depuis les années 1970, l'économiste Easterlin a démontré que la croissance économique en soi n'améliore plus le bien-être des populations. En outre, le PIB ne prend pas en compte les dégradations infligées à l'environnement par l'acte de production, et notamment dans les pays au PIB élevé.

Certains sont donc amenés à défendre l'idée de décroissance. Derrière ce concept avant tout provocateur se cachent surtout deux idées. D'abord, le fait qu'il faut réduire notre empreinte écologique, et que cela passe certes par des procédés de production plus écologiques, mais aussi par une réduction de la consommation de certains biens et services polluants (voitures thermiques, biens d'équipement à garder plus longtemps, transport en avion, etc.). Ensuite l'idée qu'il faut encourager le développement de formes gratuites de production et d'échange, l'économie contributive et les activités non marchandes étant des exemples. L'idée n'est donc pas nécessairement qu'il faille à tout prix réduire le PIB, d'autant plus que cet indicateur n'a pas beaucoup de sens, le PIB n'étant après tout qu'une somme de richesses de nature incomparable (des voitures, des carottes, des services à la personne, des loisirs, des services publics...), valorisée à leur prix de vente (ou à leur coût de production pour les richesses non marchandes). L'idée est avant tout de cesser de voir en la croissance économique le seul moyen de résoudre nos problèmes économiques et sociaux, de prendre en compte les effets potentiellement négatifs de la croissance et de rechercher la prospérité sans que la croissance soit nécessaire.

Pourquoi alors désirer la croissance dans les économies en crise ? Parce qu'il faut bien faire la différence entre « décroissance », tel qu'entendu par ceux qui s'en revendiquent, et récession économique. Dans le cas de la « décroissance » – s'il faut l'appeler ainsi – on cherche à réduire notre empreinte écologique et à multiplier les activités gratuites sans faire de laissés-pour-compte, c'est grâce au revenu de base et/ou au partage du temps de travail salarié. Ce processus peut éventuellement donner lieu à une diminution des richesses marchandes produites, donc à une décroissance du PIB, même si cet effet n'est pas certain. La récession au contraire est un processus subi lié à l'insuffisance de la demande et qui entraîne et s'alimente de l'appauvrissement monétaire des ménages les plus modestes. Le PIB se contracte non pas parce que les individus parviennent à produire de la richesse autrement que par voie marchande, ni parce qu'ils décident de réduire leur consommation polluante, comme ce peut être le cas dans la « décroissance ». Il se contracte parce que l'insuffisance de la demande conduit à une hausse du chômage, ce qui accélère d'autant plus la baisse de la demande et plonge une plus grande partie de la population dans la pauvreté monétaire. La baisse du PIB y est subie et non choisie. En situation de récession, il est nécessaire de relancer l'activité économique pour réduire le chômage subi et sortir les individus de la pauvreté, afin que ceux-ci aient les moyens de choisir collectivement une autre société, éventuellement sur les principes de la « décroissance ».

Le revenu de base permet d'éviter tout risque de récession, puisqu'il contrecarre les processus de dépression sur la demande effective. Mais il permet aussi de donner les moyens aux individus de choisir des voies alternatives de production de richesse, par exemple, celles qui ne sont pas comptabilisées dans le PIB et participent de la logique « décroissante ».

Chapitre 12
Appréhender différemment le développement local

Un moyen de redynamiser les régions marginalisées

Si la mondialisation profite à certains territoires dynamiques, au contraire d'autres territoires ont plutôt souffert de ses répercussions négatives. Les anciens bastions industriels subissent fermetures d'usines et délocalisations sans pouvoir réagir. Certains territoires ruraux au patrimoine naturel et historique considérable sont désertés par les travailleurs qui doivent chercher l'emploi là où il est.

Avec la globalisation, les emplois tendent à se concentrer dans les grandes métropoles urbaines qui concentrent les travailleurs les plus qualifiés, les pôles de la décision politique, industrielle ou financière, les centres de recherche et les industries de la culture et de la connaissance. Face à la fuite des travailleurs et des emplois, les autres territoires créent des stratégies pour attirer les investisseurs et les entreprises, sans être nécessairement très regardants sur l'utilité de ces investissements. La logique des pouvoirs publics chargés du développement régional n'obéit plus qu'à une seule rationalité : attirer des investisseurs pour créer des emplois et accroître les recettes fiscales associées aux impôts locaux (contribution foncière des entreprises, contribution sur la valeur ajoutée, taxe foncière)[79].

79. Parfois même, les collectivités locales se font concurrence à coup de subventions publiques pour attirer l'installation d'un investisseur. Le Conseil Régional du Nord-Pas-de-Calais a, par exemple, versé 1,125 million d'euros de subvention à Amazon en 2012 pour qu'il installe

Au nom de ce développement du territoire, les conseils régionaux n'hésitent pas à encourager l'installation d'un centre commercial, d'un parc d'attractions, d'un aéroport, etc. Or, l'utilité réelle de ces projets et leur impact écologique font souvent débat : faut-il construire un nouvel aéroport alors que l'un des principaux enjeux du XXIe siècle est de réduire nos émissions de gaz à effet de serre et que le transport aérien participe largement aux émissions de CO_2 ? Faut-il créer un centre commercial qui pousse toujours plus les individus, et notamment les plus jeunes, à la course à la consommation ostentatoire ? Faut-il privatiser et artificialiser des terres agricoles ou des forêts pour créer un parc d'attractions, créant toujours plus de frustrations pour les enfants qui ne pourront pas en payer l'entrée ?

Il ne s'agit pas de dire que tous ces projets sont forcément nuisibles pour l'environnement, pour le bien-être de nos enfants ou pour la cohésion sociale. Mais il s'agit de se demander sérieusement si, en dehors des emplois dont ces investissements sont créateurs, ils apportent réellement une richesse supplémentaire au territoire, ils améliorent réellement la vie des habitants, s'ils répondent à un vrai projet de société.

Le revenu de base permet justement de transformer la logique des pouvoirs publics locaux dans la mesure où il réduit l'importance à attirer des investisseurs. Le revenu de base suit les femmes et les hommes qui le touchent dans le territoire où ils s'installent. Or, les travailleurs sont d'ailleurs de plus en plus nombreux à vouloir s'installer dans des petites villes ou des territoires ruraux, pour profiter de la vie plus douce que ces derniers apportent en comparaison aux grandes métropoles. Certes, les grandes métropoles offrent souvent plus d'opportunités d'emplois et des salaires plus élevés. Mais avec un revenu de base, il devient préférable pour un nombre plus grand de travailleurs de s'installer dans des petites villes quitte à accepter des salaires un peu plus faibles, la différence étant compensée par le revenu de base, par le coût de la vie moindre et par les aménités spécifiques que l'on trouve dans ces territoires.

un entrepôt à Lauwin-Planque, alors même que Amazon est le champion de l'automatisation des emplois et de l'optimisation fiscale.

En outre, c'est dans le territoire où ils s'installent que les travailleurs dépensent leur revenu de base. Sans même attirer des investisseurs, le fait d'attirer des femmes et des hommes sur le territoire permet de redynamiser l'activité économique locale : il favorise le développement de la restauration, de petits commerces, d'activités de loisir et d'une diversité de services aux ménages qui ne sont pas automatisables. Ainsi les territoires pourront-ils chercher à attirer les femmes et les hommes plutôt que les entreprises, et pour ce faire, ils pourraient privilégier les politiques qui conduisent à rendre la vie plus agréable et désirable pour les habitants qui viennent s'installer (développement de modes de garde, activités culturelles et sportives, entretien des espaces communs) à celles qui cherchent avant tout à attirer les investisseurs.

Ainsi le revenu de base est-il aussi une politique qui, en rendant possible l'emménagement de nombreux travailleurs dans les territoires magnifiques marginalisés par la mondialisation, favorise le développement de ces territoires.

Le revenu de base rend les territoires plus résilients

Le revenu de base peut aussi permettre à un territoire de mieux résister à la fermeture d'une usine. La fermeture d'une usine est en effet souvent dramatique pour un territoire dans la mesure où elle y emploie beaucoup de travailleurs. Souvent, ceux-ci doivent se résoudre à chercher de l'emploi sur d'autres territoires, voire à essayer de déménager pour les territoires les plus touchés par la désindustrialisation. Or, ils ont souvent investi le territoire, peuvent être propriétaires de leur maison ou devoir rembourser un crédit, ont tissé des relations amicales et affectives sur le territoire, etc. Le coût économique, affectif et social d'un déménagement serait alors très élevé, d'autant plus qu'il est très difficile de tirer un bon prix de la revente d'un bien immobilier dans un territoire touché par la désindustrialisation.

Le revenu de base donne des ressources aux travailleurs licenciés suite à la fermeture d'une usine pour réinvestir positivement l'économie de leur territoire. Il peut encourager certains travailleurs à reprendre tout ou partie de l'activité de l'ancienne usine sous forme de coopérative ouvrière. Il peut encourager les autres à développer de nouvelles activités alimentant l'économie du territoire : une entreprise d'isolation des logements pour réduire la consommation en énergie de nombreuses maisons de qualité, une ferme d'agriculture biologique, un restaurant ou des petites activités de service, un fab-lab ou un espace de co-working, des activités de loisir, etc. Ce faisant, le revenu de base permet de maintenir une partie des revenus sur le territoire. Bien entendu, cela ne dispense pas de la nécessité d'un accompagnement technique pour les porteurs de projets, et de politiques de formation pour aider les travailleurs à se requalifier. Mais clairement, un revenu de base permet de rendre les territoires plus résilients à une vague de désindustrialisation.

Fiche n° 12a :
Pourquoi ne pas verser une partie du revenu de base en monnaie locale complémentaire ?

Les monnaies locales complémentaires (MLC) bénéficient d'un regain d'intérêt en France, en Europe et dans le monde. Le principe consiste à émettre une nouvelle monnaie dont l'usage est circonscrit à une zone géographique. Cette monnaie est généralement arrimée à l'euro, comme c'est le cas pour le Sol-Violette à Toulouse. L'objectif premier est d'encourager les consommateurs et les entreprises à se fournir auprès de producteurs locaux, et donc de favoriser le développement de l'activité locale. Certaines monnaies complémentaires dites citoyennes – comme le Sol-Violette – introduisent des règles permettant d'exclure de leur usage toutes les entreprises qui ne respectent pas une charte écologique et sociale. Ces monnaies complémentaires peuvent dès lors être des outils pour donner un droit de regard aux citoyens-consommateurs sur les modes de production, et pour favoriser les modes de production les plus respectueux de l'homme et de la nature.

Certains militants du revenu de base proposent que le revenu de base soit versé pour partie en monnaie locale. Cela aurait l'avantage certain de doper les échanges locaux et le développement de l'économie locale. En outre, en favorisant le développement de l'économie locale, les monnaies locales pourraient accroître l'assiette fiscale des collectivités locales et donc alimenter le financement du revenu de base en monnaie locale.

Cependant, une telle mesure ne sera efficace que lorsque les monnaies complémentaires seront utilisées par un nombre suffisant de citoyens. À ce jour, il existe plus d'une trentaine de monnaies locales en France, le nombre d'utilisateurs de monnaies complémentaires atteint déjà quelques milliers dans le bassin toulousain (Sol-Violette), au Pays basque (Eusko), en Ille-et-Vilaine (Galleco), dans le Mayennais (le Sou) ou ailleurs.

Chapitre 13
Et pourquoi pas un revenu de base européen ?

Depuis 2008, l'Union européenne est traversée par une grave crise économique. Pourtant, c'est aux États-Unis que la crise a été déclenchée avec l'explosion de la bulle des subprimes en 2007 et la faillite de Lehman Brothers en 2008. Mais l'Union européenne est la zone économique qui s'est embourbée le plus longtemps dans la crise, alors que les États-Unis ou l'Angleterre semblent parvenir à s'en tirer un peu mieux. La crise a particulièrement touché les pays du Sud de l'Europe, Grèce, Italie, Espagne et Portugal, obligés par la Commission européenne et le Traité pour la Stabilité, la Gouvernance et la Croissance (TSCG) à appliquer des politiques de rigueur censées réduire leur déficit public.

L'incapacité de l'Union européenne, et plus particulièrement de la zone euro, à sortir de la crise économique tient à l'absence d'une politique de relance à l'échelle de la zone – contrairement aux États-Unis ou au Royaume-Uni – et à l'absence de solidarité entre les pays de l'Union. En effet, lorsqu'un État des États-Unis subit une crise économique, il bénéficie de la solidarité de l'ensemble de la fédération de par l'afflux de transferts depuis les autres États de la zone : les résidents de cet État reçoivent des transferts sociaux payés par l'ensemble des contribuables et cotisants du pays, l'État fédéral peut aussi investir directement dans l'économie de ces régions, etc. Ces transferts publics ou assurantiels provenant des autres régions permettent à l'économie de l'État touché par la crise de sortir plus rapidement de la crise.

Au contraire, lorsque la Grèce, l'Espagne ou l'Italie sont touchées par la crise, leurs marges de manœuvre pour s'en sortir sont extrêmement limitées. Ils ne peuvent compter que sur leurs propres dépenses publiques pour relancer l'activité de leur territoire, les mécanismes de transferts publics entre pays étant ridicules (le budget de l'Union européenne représente 1 % de son PIB, tandis que le budget fédéral des États-Unis représente 10 % de son PIB, ce qui permet des transferts inter-États beaucoup plus importants)[80]. Or, leurs marges pour faire de la relance budgétaire sont fortement réduites d'une part par les traités européens (le Pacte de Stabilité et de Croissance signé en 1997 limite les déficits publics à 3 % du PIB et le TSCG va plus loin en limitant le déficit structurel à 0,5 % du PIB), et d'autre part par les marchés financiers qui menacent de faire augmenter les taux d'intérêt auxquels ils prêtent aux gouvernements afin que ces derniers limitent leur déficit public[81]. Enfin, depuis la mise en place de l'euro, les États ne disposent plus du dernier outil qui pourrait leur permettre de relancer leur activité par les exportations, à savoir la dévaluation monétaire qui permet de rendre les exportations plus compétitives.

Ainsi les États du Sud de la zone euro sont-ils contraints par la Commission européenne et les marchés financiers à une austérité qui ne fait qu'aggraver la crise, plonge une plus grande partie de la population dans le chômage et la pauvreté, et ne permet même pas de réduire le poids de la dette dans le PIB (voir fiche n° 13a, p. 144). En outre, les travailleurs les plus dynamiques ou les plus qualifiés sont poussés par la situation à l'émigration, ce qui fragilise encore plus l'économie de ces pays.

---

80. Précisons que les mécanismes comme le Fonds Européen de Stabilité Financière (FESF) ou le Mécanisme Européen de Stabilité (MES) ne sont pas des outils de transferts entre les pays. Ils ne sont utilisés qu'en cas d'attaque spéculative sur les titres de dette publique d'un pays, attaque qui risque d'empêcher un pays de se refinancer. Le FESF ou le MES interviennent sur les marchés financiers pour racheter les titres du pays attaqué, permettant ainsi à ce pays d'emprunter à nouveau sur les marchés.
81. On pourrait d'ailleurs dénoncer le fait que les États sont contraints de financer leur déficit public uniquement sur les marchés financiers et qu'il leur est impossible d'en faire financer au moins une petite partie par création monétaire, comme le font, par exemple, les États-Unis, le Royaume-Uni ou le Japon. Cela réduirait drastiquement le coût du déficit et le poids du service de la dette. Les questions de création monétaire seront abordées dans le Livre 3.

Ce qu'il faudrait à la zone euro, c'est la possibilité de financer une partie des déficits publics directement par la Banque Centrale Européenne, comme le font déjà la FED, la Banque d'Angleterre ou la Banque du Japon. Mais il faudrait aussi des mécanismes de transferts inter-États qui permettent à un pays de mieux affronter une crise économique. Il y va de la survie de la zone euro dans la mesure où celle-ci réunit des économies trop hétérogènes et qu'un pays qui ne peut utiliser ni la politique monétaire ni la politique budgétaire ne peut sortir de la crise si elle ne bénéficie pas de transferts extérieurs.

Ainsi, Philippe Van Parijs[82] propose la mise en place d'un eurodividende, un revenu de base européen. Il propose que l'eurodividende soit financé par la TVA et que son montant soit de 200 € par résident de la zone euro, ou éventuellement ajusté suivant le PIB par tête de chaque pays. Si l'eurodividende est le même dans tous les pays de la zone, les pays les plus riches de la zone seront structurellement contributeurs nets à l'eurodividende (financeront plus d'eurodividende qu'ils n'en recevront) tandis que les pays de la périphérie seront structurellement bénéficiaires nets, ce qui ne serait pas le cas avec un eurodividende variable selon les pays.

Qu'il soit identique ou variable suivant le PIB par tête de chaque pays, l'eurodividende devra permettre d'organiser des transferts positifs vers les pays de la zone touchée par une crise conjoncturelle, soutenant ainsi les ménages les plus modestes et la demande effective. S'il y avait eu un eurodividende en zone euro au moment où s'est déclenchée la crise, même d'un montant faible, soyons sûrs que les crises qu'ont subies l'Espagne, le Portugal ou la Grèce n'auraient pas été aussi violentes. Non seulement nous n'aurions pas vu un nombre aussi élevé de ménages tomber dans l'extrême pauvreté, l'eurodividende leur permettant de satisfaire les besoins minimums. Mais en plus, l'eurodividende aurait apporté un supplément de pouvoir d'achat qui aurait permis de soutenir la demande et l'activité locale, et ainsi de réduire l'importance de la récession. Suivant le vocabulaire économique,

82. Philippe Van Parijs, "*No eurozone without euro-dividend*", septembre 2012, http://ethics.harvard.edu/files/center-for-ethics/files/2012.no_eurozone_without_eurodividend.pdf

l'eurodividende aurait joué un rôle de « stabilisateur automatique » face à une récession. Ainsi ces économies auraient-elles pu sortir plus facilement de la récession dans laquelle elles se sont empêtrées, et avec moins de douleur.

Bien entendu, le renforcement de la construction politique de la zone euro, et notamment le renforcement du fédéralisme budgétaire, sont des étapes incontournables avant de parvenir à un eurodividende. Comme souvent, le frein est avant tout politique, mais il n'est pas insurmontable.

Fiche n° 13a :
Pourquoi les politiques de rigueur ne permettent-elles pas de réduire les ratios dette/PIB ?

Le collectif des « Économistes Atterrés »[83] s'est constitué à partir de 2010 pour faire entendre une voix contre les politiques de réduction des dépenses publiques dites « de rigueur ». Ils mettent en évidence le fait que réduire ses dépenses publiques ne permet pas de réduire le poids de la dette publique. Au contraire, la baisse des dépenses publiques a des effets récessifs sur l'économie d'autant plus importants que la crise s'explique par une insuffisance de la demande. En période de crise, les « multiplicateurs budgétaires keynésiens » sont élevés, ce qui signifie qu'une hausse de la dépense publique a des effets positifs puissants sur la croissance économique, mais aussi qu'une réduction des dépenses aggrave d'autant plus fortement la récession. Ainsi, appliquer des politiques de rigueur en période de crise conduit à une contraction encore plus forte de l'activité économique qui réduit d'autant plus les recettes fiscales, réduisant l'effet initial de la baisse des dépenses publiques sur le déficit primaire. Ainsi, non seulement il est très incertain que la politique de rigueur permette de réduire le montant brut de la dette publique à moyen terme, mais en plus on sait que ces politiques de rigueur conduisent à une contraction du PIB, qui est au dénominateur du ratio dette publique/PIB. On comprend alors pourquoi ces politiques de rigueur ont bien plus de chance d'accroître le ratio dette publique/PIB que de le réduire.

83. Voir le *Manifeste d'économistes atterrés. Crise et dettes en Europe. Dix fausses évidences, 22 mesures en débat pour sortir de l'impasse,* Paris, Les liens qui libèrent, 2010.

Fiche n° 13b : Concilier austérité salariale et relance de la demande

Dans les périodes de crise économique liée à une insuffisance de la demande effective, le revenu de base peut aussi être un instrument macroéconomique de relance de la demande. Par ce biais-là, il peut être encore une fois un instrument efficace pour réduire le chômage.

En effet, le revenu de base donne plus de pouvoir d'achat aux ménages les plus modestes, ceux qui consomment la part la plus grande de leur revenu. Dans une situation de creusement du chômage lié à une insuffisance conjoncturelle de la demande, le revenu de base permet, en plus d'accroître le revenu des chômeurs, de soutenir la demande effective et ainsi de permettre de relancer l'activité. Dans les crises, les économistes disent qu'il joue le rôle de stabilisateur automatique. Lors des crises liées à une insuffisance de la demande, on pourrait, par exemple, augmenter temporairement le revenu de base afin de relancer la consommation. Cette augmentation temporaire du revenu de base creuse temporairement le déficit public, mais elle permet une reprise plus rapide qui permettra de réduire ce déficit à moyen terme.

On pourrait penser que l'on arriverait au même résultat en revalorisant le RSA et en l'étendant à des ménages avec des revenus plus élevés, mais l'importance du non-recours du RSA, notamment dans les familles avec des personnes en emploi, conduit à briser l'efficacité d'une telle proposition. Au contraire, l'inconditionnalité et l'automaticité du revenu de base font qu'il agit à la fois de façon plus juste (du fait de l'absence de non-recours) et de façon plus efficace sur la demande effective.

Un revenu de base permettrait en outre de concilier une politique d'austérité salariale en vue de gagner en compétitivité et une politique de relance de la demande. Sur la décennie 2000-2010, le déficit commercial n'a cessé de se creuser en France, en Espagne et dans l'Europe du Sud, notamment vis-à-vis de l'Allemagne qui a ralenti la progression de ses salaires dans les années 2000 pour gagner en compétitivité. Certes, le déficit de compétitivité des entreprises françaises n'est pas lié uniquement à la divergence des coûts du travail en France et en Allemagne, mais aussi à la trop faible montée en grade de la production industrielle française. En outre, pour rééquilibrer la balance commerciale, il aurait fallu pousser l'Allemagne à favoriser une hausse de leurs salaires

– ce qu'elle a d'ailleurs fait. Mais compte tenu des limites de la coordination des politiques économiques parmi les pays de l'Union européenne, la France, mais surtout les pays du Sud de l'Europe, ont dû mettre en œuvre des politiques d'austérité salariale pour gagner en compétitivité.

Dans les pays du Sud, cela s'est traduit par une baisse directe du salaire net : selon une étude de la FEDEA, les salaires auraient baissé de 12 % entre 2010 et 2012[84]. Le problème est que dans le même temps, il était nécessaire d'opérer une relance de la consommation en Europe pour éviter de tomber dans la récession et la déflation. Or, les politiques de déflation salariale, en réduisant les revenus des travailleurs, ont réduit la consommation et accéléré la chute de la demande et la crise économique. Un revenu de base aurait permis de compenser la baisse de salaire et ses effets négatifs sur la demande effective. Avec un revenu de base, il aurait été possible de mettre en œuvre une politique de modération salariale sans nuire à la demande globale, et ainsi réduire le déficit commercial des pays du Sud sans conduire à une récession économique dans toute l'Europe. Certes, le revenu de base aurait conduit à un creusement des déficits publics dans les pays du Sud, mais les effets positifs sur l'activité auraient vite permis d'accroître les recettes fiscales et de réduire à terme le poids de la dette dans le PIB. En outre, le financement du revenu de base au niveau européen aurait pu éviter l'effet négatif sur les déficits publics des pays en difficulté, comme nous le verrons plus loin.

En France, les salaires nets n'ont pas baissé – sauf dans la fonction publique – mais nous avons appliqué des réductions de cotisation pour les employeurs ainsi que le Crédit d'Impôt Compétitivité Entreprise (CICE) au prorata de la masse salariale. Ainsi l'on a jugé que c'est en aidant les entreprises que l'on pourrait aider les travailleurs. Outre le fait qu'il n'est pas certain que les entreprises aient toujours utilisé le CICE pour embaucher plus, ces subventions à l'emploi traduisent toujours l'incapacité du politique à appréhender le développement économique autrement que par le biais de la création d'emplois nouveaux, et son incapacité à avoir une réflexion

84. « En Espagne, le chômage massif fait chuter les salaires », *La Tribune*, novembre 2013 http://www.latribune.fr/actualites/economie/union-europeenne/20131123trib000797377/en-espagne-le-chomage-massif-fait-chuter-les-salaires.html

sur le sens du progrès technique et l'objectif d'accroître l'autonomie des travailleurs. Quand bien même le basculement de certaines cotisations sociales vers l'impôt pourrait être jugé nécessaire pour réduire le coût du travail (nous en discuterons dans le Livre 2 sur le financement du revenu de base), la mise en place d'un revenu de base permettra d'aborder autrement une politique de choc de compétitivité si celle-ci devait s'avérer à nouveau nécessaire : au lieu de mettre en œuvre des subventions à l'emploi comme le CICE, qui ne bénéficient qu'aux entreprises et indirectement à leurs employés, nous pourrons mettre en œuvre une double politique de modération salariale et de hausse du revenu de base. Ainsi, si un choc de compétitivité s'avère à nouveau nécessaire à l'avenir, une telle double politique permettra de gagner en compétitivité tout en maintenant la consommation des travailleurs et en améliorant leur autonomie.

Remerciements, contributions

Ce livre est le fruit d'un travail collectif coordonné par Jean-Éric Hyafil et d'un comité de rédaction constitué de Robert Cauneau, Virgine Deleu, Jean-Éric Hyafil, Isabelle Le Glaz, Amaru Mbape et Thibault Laurentjoye.

De nombreux militants du MFRB et autres sympathisants ont contribué à la rédaction de ce livre, parmi lesquels :

Chrystèle Bazin
Julien Berlusconi
Gérard Bérilley
Virginie Caura
François-Michel Drevet
Frédéric Dussutour
Jehane Fadlallah
Henri Geist
Bernard Héron
Stanislas Jourdan
Dominique Karadjian
Camille Lambert
Philippe Le Duigou
Sarah Lecomte
Léo Malherbe
Alain Mauricette
Jean-Marc Scattolin
Hugo Stéphan
Guy Valette
Damien Vasse
Antoine Stéphany
Sébastien Shulz
Solenne Vaulot-Morel
Stéphane Veyret
Jude Weber.

Également paru aux éditions Yves Michel :

Ouvrage collectif du MFRB coordonné par Jean-Éric Hyafil

Le revenu de base : comment le financer

Panorama des modalités de financement

Après avoir présenté les multiples justifications du revenu de base dans le livre précédent, *Revenu de base : un outil pour construire le XXIe siècle*, nous présentons ici les multiples propositions concrètes de mise en œuvre du revenu de base.

Ce manuel donne la possibilité au lecteur de construire sa propre proposition de revenu de base et de choisir la façon dont il souhaite le financer. Les sources de financement sont multiples (impôt sur le revenu, sur la consommation, sur les bénéfices, sur le patrimoine, fiscalité écologique, etc.). La question du montant du revenu de base est aussi débattue, celle de son coût budgétaire, ainsi que celle des prestations et politiques qu'il pourrait éventuellement remplacer. Enfin, une dernière partie s'intéresse à la façon dont est créée la monnaie aujourd'hui et propose une réforme qui consisterait à passer à une création monétaire sous forme de dividende universel. Ce livre démontre non seulement que le revenu de base est une mesure à portée de main, mais aussi que les pistes pour le financer sont multiples.

Achevé d'imprimer en juillet 2016
sur les presses de la Nouvelle Imprimerie Laballery
58500 Clamecy
Dépôt légal : juillet 2016
Numéro d'impression : 607142

Imprimé en France

La Nouvelle Imprimerie Laballery est titulaire de la marque Imprim'Vert®